DAS ENDE DER ILLUSIONEN

POLITIK, ÖKONOMIE UND KULTUR IN DER SPÄTMODERNE

译 歌德学院（中国）
翻译资助计划

©Suhrkamp Verlag Berlin 2019.

All rights reserved by and controlled through Suhrkamp Verlag Berlin.

The translation of this work was financed by the Goethe-Institut China

本书获得歌德学院（中国）全额翻译资助

幻想的
终结

晚现代的
政治、经济
和文化

[德] 安德雷亚斯·莱克维茨 著

巩婕 译

社会科学文献出版社

SOCIAL SCIENCES ACADEMIC PRESS (CHINA)

目 录

引言：幻灭的当下

多么奇怪。被载入史册的事情，有一些在发生的当时，人们根本没有在意。另有一些，人们多年之后还能清楚地记起"出事"的那个时刻，记起当时的惊诧、无助、恐惧，或是那么一种难以置信的暗喜——出事了，以前大家觉得不太可能发生的事，发生了。

1989 年 11 月 9 日柏林墙倒塌，2001 年 9 月 11 日纽约世贸大楼遭恐袭，这些日子我就是这样清清楚楚记着的，正如2016 年 11 月 6 日那个早晨，全都历历在目。那天之前，我跟许多人一样，已经关注美国总统大选好几个月，心里的不安与日俱增：唐纳德·特朗普出人意料地成了共和党总统候选人，他对民主党候选人希拉里·克林顿发动了粗鄙、残暴的战争。那天早上，我终于还是在平板上读到了消息，直到最后一刻我都不愿意承认的事情，确实发生了：那个民粹代表——他的惹眼之处就是大肆煽动针对妇女和外来者的敌意，对跨国合作和民主机制猜忌极深——那个反复无常难以捉摸的候选人，成了美国第 45 任总统，站上了这个西方强国的权力之巅。[1]那天早上和随后几周，我都处于惊骇之中，感觉有些东西要崩塌了，但也说不准这一切都会带来什么：怎么可能会是这样，以后又会如何发展？我感到一种历史的断裂。

特朗普的当选不是近年来唯一一次政治地震。其他地方的选举和投票也动摇了看似坚稳的秩序：2016 年 6 月，英国多数民众投票赞成退出欧盟；2017 年法国大选，没有一个传统党派候选人进入第二轮选举，而右翼民粹政党"国民联盟"的候选人玛丽娜·勒庞却成功进入了第二轮。她败给了自由派政党"前进运动"创始人埃马纽埃尔·马克龙，后者在 2018 年和 2019 年又不得不与激烈的"黄马甲"运动抗争。在意大利，

（右翼）民粹政党上台掌权；匈牙利和波兰曾是中东欧地区的民主典范，现在，它们的民主机构也成了攻击对象。曾被一些人视为汲取了历史教训的欧洲大陆唯一的发展终点的欧盟，以及传统的左右翼政党体系，突然显得脆弱不堪。还有更多令人不安的事：2007年金融危机之前，众多经济学家称赞当时的体系为"可靠的印钞机"，而在危机中，它被推到了崩溃的边缘。一系列恐怖袭击，比如2015年巴黎（由"伊斯兰国"发动）和2018年新西兰克莱斯特切奇那两次，提示了西方社会日常生活的脆弱。民众普遍认为，恐袭离自己越来越近。

9
　　这些事为什么如此令人不安？回答也许是让人心痛的：我们不能再将这些当作偶发事件，以为生活很快就会恢复如常。事实是，有一种看法越来越明朗：自冷战结束以来，很多西方人所抱有的，那些积极向上的、关于社会进步的期许，就这样完全落空了，至少是弱化了。那些期许如今被证明只是幻想，其结果就是幻灭。不仅对德国是这样，而且对整个西方社会——甚至在某些方面对整个国际社会都是这样。1990年以后，不论是在媒体、政治、经济各界，还是诸多学术讨论中，人们都倾向于参与建构一个关于"进步"的宏大叙事，包括经济进步、政治进步、社会进步、文化进步和技术进步。美国政治学者弗朗西斯·福山援用出自黑格尔及其解读者亚历山大·科耶夫的理论，将这一叙事引到了"历史终结"论上。仿佛我们已经进入了历史的尾声，达到了这样一种状态：政治和经济的体制秩序都已经不再需要改变，甚至不能再改变。[2] 如今看来，这种说法实在是幼稚。

10
　　过去30年的进步叙事本质上是自由主义的，它完全能为自己找到一系列经验证据。回想一下能证明政治进步的事件，有拉美和非洲的民主化运动，这些运动促使自由民主体系在很大程度上推翻了独裁政权。此外，国家之间的全球合作加强了，欧盟就是其中的典范。经济的进步也是实实在在的：全球化和大部分发展中国家融入全球市场的进程，促进了新兴国家，尤其是中国和印度的工业化，显著地减少了贫困，推动了强大的中产阶级的崛起。在北美和欧洲，得益于数字革命，后工业时代的知识文化产业发展了起来。

数字化——近20年来最重要的技术进步——看起来与进步的历程是天作之合：个人与机构都连成了网络，互联网是新型身份和新型合作方式的试验场，网上交流突破了各种边界，让民主生机勃发——这一切都曾是技术热所希望的。最后，进步叙事也包括社会政治方面。近几十年来自由化运动和解放运动取得了巨大成果，促进了性别平等，为性少数群体争取了权益（比如同性恋和跨性别人士），西方生活方式经历了变革，整体上变得更加享乐主义和世界主义，彻底摆脱了二战后的僵化状态。新的、年轻的中产阶级在这个全球化的世界中尤其如鱼得水：世界总归是开放的——这一点对有些人来说，是无可置疑的生活体验。

当然，这些进步都是真的，也都很重要。自由主义的进步叙事并不是错的。但这却不是全部真相。那些相信进步理念与社会现实会两两相合的人，只是处于幻想之中。以为某一进程一旦开始，就会自然而然地持续下去，也同样是幻想。金融危机、英国脱欧、恐怖袭击、特朗普当选，还有其他一些近年来发生的事件，清楚地表明社会现实是矛盾而脆弱的，比进步叙事让我们相信的要矛盾得多，脆弱得多。我们应该这样想：这些事件，从根本上来说，都是对晚现代的社会结构中长期形成的矛盾、冲突和危机的表达或反应。

进步、反乌托邦、怀旧

直到几年之前，自由主义的进步叙事似乎还无处不在。如果我们放宽眼界，看看整个现代文化史，就会发现这并不奇怪。18 世纪，随着工业化、民主化、城市化、市场化、解放运动和科学化进程，现代社会最先在西方国家开始缓慢而持续地发展起来。它一开始就与进步叙事的建构密不可分——与"现代化事业"密不可分。莱因哈特·科泽勒克（Reinhart Koselleck）指出：进步话语的产生，与 18 世纪末政治、经济和技术革命的现实相一致，它随着这些革命而生，在某种程度上也积极推动了它们。³ 人们从宗教中继承了一种信念，认为一定存在某种终极拯救的力量，现代社会在一定程度上将这种信念变成了对进步的笃信，保存在了它的文化语码之中。

19 世纪和 20 世纪的现代历史进程中，自然经常有人争论，所实现的、所希望的进步到底表现在哪些方面：技术、自由、平等、富裕、舒适、社会成熟，还是解放？进步的乐观主义和富有文化批判精神的自我怀疑也总是在不断交替上演。拿破仑战争之后，19 世纪的欧洲开始了一个漫长的时期，民众坚定不移地相信文明的进步（帝国主义和殖民主义与之同时并举，这并非偶然）。到了 19 世纪与 20 世纪之交，进步乐观主义的接力棒交到了社会主义运动手中。第一次世界大战之后，知识分子躁动不安，一种怀疑态度蔓延开来，在一些知识分子中间转而变成了一种担心现代欧洲将要没落的、合乎情理的灾难情绪——只要读一读奥斯瓦尔德·斯宾格勒（Oswald Spengler）的《西方的没落》和何塞·奥尔特加·加塞特（José Ortega y Gasset）的《大众的反叛》就知道。⁴ 法西斯主义和大屠杀打断了文明的进程，二战结束后，自由派的进步乐观主义又在西欧和北美以惊人的速度复苏了。随后是"辉煌三十年"时期［由让·富拉斯蒂耶（Jean Fourastié）提出］和西方丰裕社会的兴起，人们也开始憧憬完美的工业技术现代化。20 世纪 70 年代，上述国家首先面对的是关于"增长的极限"的经济和生态讨论，1968 年之后，又有了许多令它们不快的社会批判。后来，苏联解体、东欧剧变，迄今为止最新也是最强的一次全球化进程启动，第三次工业革命开始——与此同时，自由主义进步叙事也进入了新阶段，认为这是一个没有边界的时代。现如今，这一叙事让人疑虑重重。

审视历史上这些进步话语的起起落落，是很有启发的。历史的眼光使一些东西不那么绝对了——无论是盲信发展进程会一帆风顺，还是失败主义的灾难论调，这些都不再是绝对的了。目前，这一领域被反乌托邦话语占据着。[5] 一些人对自由主义进步理想的现实局限感到非常失望，因此受到愤怒或悲伤等强烈情绪的驱使，倾向于陷入另一个极端。如果把公共话语比作接受心理治疗的病人，他一定会被确诊得了躁郁症：在无法无天的狂欢后，立刻陷入一种绝望情绪（在有些人那儿，这种情绪伴随着对即将到来的灾难的暗喜）。

现在的各种反乌托邦说法指向不同的方向。媒体上存在感很强的是——特别是在数字媒体上，还有在畅销书市场上——新右翼阵营的末世预言。它们其实只是重新激活了斯宾格勒《西方的没落》中的那套历史哲学。左翼批判资本主义的阵营中有些人出于对金融危机的记忆，认为资本主义即将彻底崩溃，他们在为此搜集证据——这些作者中的许多人认为，没有社会主义替代，这种崩溃只会变成无法摆脱的持久危机。除此之外，关于数字化的公共讨论已经几乎完全从科技狂热转变为相对笼统的技术批评。现在，人们更倾向于认为数字革命导致商业或政府层面的数据收集者全面控制了用户；批判新媒体使用过滤气泡，让交流变得粗野凶暴；也批判自动化，认为这会导致大规模失业。

面对这些灾难性场景，公共话语和政治话语抓住了"怀旧"这根救命稻草。尤其是从 1945 年到 1975 年的这 30 年繁荣期，即几年前还被视为"过时"的工业化现代，现在成了包括右翼、左翼和中间派在内的不同人群怀旧的投射对象。美国、法国和德国的右翼怀旧情绪，美化了当年还流行的传统的家庭与性别模式、保守的道德观和所谓的文化统一性。左翼怀旧情绪思念的是旧工业社会中更广泛的社会平等、强大的产业工人阶层和福利社会。中间派的怀旧思潮则感伤地怀念着大众党派和起着团结作用的各种协会，以及广大的中产阶级和传说中的慢生活。怀旧可能是一种政治上无足轻重、颇具美感的复古倾向。不过，各种政治民粹力量会积极地对之加以利用。

幻灭也是机会

公众舆论从坚定的进步乐观主义转向反乌托邦和怀旧心理，从一种偏颇转向另一种，这确实使我们不容易理解并应对当下社会的结构。然而，幻想的终结不一定导致全面的悲观主义。不抱幻想也可以是一种美德，它使得冷静的现实主义成为可能，并为分析开辟空间。在超越反乌托邦和怀旧情绪的同时，我们应该发展出一种非教条的、多样化的视角，批判性地看待问题，但不陷入对当下毫无根据的全面抨击。要做到这一点，需要借助社会学，因为它能冷静地分析当前社会。据我的理解，社会学在研究社会结构和演变进程时，不会以进步主义的态度粉饰晚现代社会特有的矛盾和问题，不会用道德装裱它，也不会通过描绘末世景象来逃避它。现实主义的"社会分析"与心理分析有诸多相似之处。就像西格蒙德·弗洛伊德关于个体和文化的分析一样，社会分析也不能完全解决矛盾，实现协调一致。分析的成果——分析的深入——是让人们看到各种悖论和矛盾，从而对其进行反思，并带着新的视角审视事物，而后勇于探索变革之路。

在此意义上，这本书收录的文章旨在审视当代社会的矛

盾结构。这些文章既反对过于简单的进步叙事，也不认同各种
警示末世的论调。因此，不要期待得到非黑即白的诊断或直接
的解决方案。相反，能容忍并应对这些矛盾的人，在晚现代社
会无疑是占据优势的。然而，在当下这个非友即敌的舆论环境
里，保持容忍分歧的基本心理能力可不容易。[6]在我的专著《独
异性社会：现代社会的结构转型》中，我试图提出一种理论，
体系性地说明晚现代社会的种种矛盾。而在本书，我将细化该
理论的每个方面，对政治、经济、文化层面的问题都加以探
讨。我所说的当今社会不仅指德国，而且指整个西方社会，虽
然各国情况不同，但在北美和欧洲，它们都面临着相似的转变
和问题，而西方的转变只能在全球框架内加以理解。

从工业化现代到独异性社会

17

我考察当今社会的出发点是，我们正在经历一场深刻的社
会结构转型，在过去30年中，传统的工业化现代正转变为一
种新的现代形态，我称之为晚现代。对晚现代的本质，我们的
理解还远远不够。

工业化现代形成于20世纪初，并在上述辉煌的战后30年
在一些福利国家达到顶峰，一直持续到20世纪70年代。作为
一种社会形式，它立足于全面的理性化、技术化和规划化。大
企业的大规模工业化生产、大量建造的住宅、凯恩斯主义对经
济的全盘调控、福利国家的建设以及对技术进步的笃信，都是
它的标志。对于个人而言，工业化现代意味着生活在约翰·肯
尼思·加尔布雷思（John Kenneth Galbraith）所说的"丰裕
社会"，生活水平相对均衡。在这样一种社会，社会约束力大，
文化同质性强，人们也很顺从文化主流，两性之间有清楚的分
工，对性少数群体和少数族裔的歧视并不是例外，而是常规。
用法国历史学家皮埃尔·罗桑瓦隆（Pierre Rosanvallon）的

话说，这是一个拥有光明和阴暗面的"平等社会"。在这样的社会里，集体的普适性规则占据统治地位。[7]

18 　　这种经典的工业社会形式已不复存在，尽管还有人心心念念把它当作最高标准。当然，它的某些组成部分还在一些领域里继续存在，历史上不同时期的事物同时存在是很常见的。但是它已经被另一种社会形态取代了，有一些社会学家称之为后现代，另有一些人称之为极端现代、二次现代或超现代。我使用的概念是晚现代。这一结构转型早在20世纪70年代和80年代就已发端，代表性事件是1968年的学生运动、1973年的石油危机和集中调控金融的布雷顿森林体系的解体以及1976年首台价格低廉的个人电脑Apple I的问世。自20世纪90年代起，晚现代社会呈现成熟的形态，其主要标志是激进的全球化。全球化过程中，工业化现代社会中"第一世界"、"第二世界"和"第三世界"的明确划分逐渐消失，使发达国家和不发达国家之间的界限越来越模糊。一些发展中国家正在迅速进行现代化，而一些发达国家正失去其领先地位。

　　要逻辑合理地说清楚晚现代的结构性特征，不是件容易的事。自由主义的进步叙事——我在前面说过——认可的主要是全球化（积极意义上的）、民主化、市场扩张、自由化和网络化。这样一来，社会结构的转型只会被片面地理解为一种线性发展。然而，我们必须学着把晚现代视为一种充满矛盾和冲

19 突的社会形态，它的特点就是社会阶层的升与降、文化的增值与贬值同时发生——最终还有各种极化过程。正是这一点使它很不稳定。这些不均衡和社会结构上的偏差，绝大部分不是经过计划安排出来的，也不是有意制造的，而是社会学家所说的"不经意的后果"。也正因为如此，它们才让人感到困惑。

　　与工业化现代的"平等社会"不同，晚现代越来越表现出独异性社会的形态。[8]直白地说，这意味着工业化现代的基

础是在诸多领域复制标准、规范和一致性，可以说是以"普适性为主"的社会，而晚现代社会则注重特殊性和独特性，推崇质的差异，推崇个性、特性和不同寻常之物。如果想使用社会学和政治讨论中熟悉的概念，可以大致将晚现代看作极端个人主义的社会。它在某种程度上将现代社会固有的个人主义推向了极端。只不过"个人主义"这个概念有丰富的历史内涵，对我来说，它和"个性化"这一概念一样，都过于多义，同时也过于狭隘，不能精确描述晚现代的社会和文化进程方面的特性。[9]

因此，我更倾向于使用"独异化"这个概念。它更为尖锐地描述了这样一种社会进程，其中特殊性、独特性、不可替代性、不可比拟性和优越性被期望、制造、积极评价和体验。[10] 在晚现代社会，独异性逻辑得以广泛确立，而在工业化现代阶段，它只存在于社会的小部分领域。这种逻辑有一种不可否认的悖论本质：在社会的核心领域形成了一些通用的基础架构和通行的做法，然而这些基础架构和做法在根本上却是为了独异性。因此，独异体（人或物）并不是游离于社会之外的，也不反社会，而是处于社会的中央。它们不是被"释放到自由中"的，而是在社会实践中被塑造出来的。

与个体化不同，以这种方式理解的独异化不再局限于人类个体。当然，晚现代社会也赞赏个人的特殊之处——比如出色的职业表现、顶级运动员，著名的气候活动家或者与众不同的博主。但是，它也表彰物和客体的独异性，例如，地道的、不可替代的产品、货物或品牌，有一些像艺术品一样受到推崇。它也赋予了空间单元某种独异性——比如辨识度高的城市或风景、"有价值的"地方。同样，时间单元也被赋予了独异性，比如独特的事件或值得回忆的瞬间。晚现代社会还有独异化的集体：从项目组和网络到人们自愿加入的"新式共同体"，例

20

21

如那些力求"独门"的宗教团体或地方团体。如此，晚现代的评价体系通常远离那些标准化的、功能性的东西，对于只是承担某种职能的"一般人"、廉价"现成"的工业产品、面目模糊的空间、毫无刺激看过就忘的日常动作，包括那些冷静客观的集体（比如遵循目的理性的机构），它都保持着固有的距离，而将社会的关注投向被视为独一无二和有价值的事物。只有这些事物才会真正得到重视。

简明扼要地说，晚现代是一种极其雄心勃勃的社会形态，平庸的平均水平不能满足它，它希望个人、物体、事件、地点和集体都超越这个"平均水平"。只有社会的独异化能够带来满足感、声望和认同感，只有它才能使得在晚现代文化中的人们和世界显得有价值。从"平等社会"到独异性社会的转型有诸多起因，其中最重要的几条就是：从工业资本主义到认知 - 文化资本主义的经济结构转型、数字化引领的技术革命，以及一个社会文化进程，即城市中追求"自我实现"和个人名望的高知新中产上升成了社会的领导阶层。

22　　　然而，"独异化的"晚现代社会结构也不可避免地有另一面：那些不能、不愿或不被允许独异化的事物。它们会被贬低，待在暗处没人看见，并且最多只能得到极少的认可。它们显得没有价值。不可避免地，有人胜利就有人失败，有升值就有降值和去值，关键要看到：社会的独异化不是一个线性过程，不是每个人、每件东西的独特性都会得到认可。经过独异化过程，我们绝不是就这样超越了工业时代的"必须如此之国"，走进了后现代的"自由之国"。社会对独异性的推崇其实是对另一些东西的贬低，就是那些现在被认为是标准化的、大众的东西，那些消失在暗处的东西。社会的全面独异化，在如今的条件下，不免会系统地制造出不平衡和偏差。

独异化与极化，这种双重结构存在于晚现代社会所经历的所有错位和断层中。我在本书中将探讨其中几个方面。

在经济领域，已形成全球网络的认知－文化资本主义雄心勃勃，专注于研发复杂产品——物品、服务、文化活动、媒体形式，这些产品都是快速创新的产物，富有创造性和吸引力。这种资本主义的反面是，简单服务、例行工作和低技能重复性工作的重要性增加，这些工作由受教育程度低的人从事，而这些人得到的社会地位很低，社会保障很少。在认知－文化资本主义体制中，占统治地位的是"赢者通吃"的市场规律，因此极具利润的产品——从高科技药物、顶级足球运动员、世界知名艺术品，到位置优越的房产——都会让财富过度膨胀。

23

高校毕业生人数迅速增长，学校之间、毕业生之间为了争取卓越和独特地位而展开激烈的差异化竞争，这些只是晚现代教育体系的一面。高等教育普及的反面，是低等或中等学历的贬值。过去，这些学历是很平常的，但今天却不再被平常看待。

在生活方式领域，远大的抱负和贬值也同时存在。"成功地实现自我"这种生活方式，追求独一无二的生活方式，要求不断积累独异性资本，它使日常生活、个人履历、职业、休闲和家庭生活都成为一种高规格的挑战。承担这种生活方式的是新中产阶级。它的反面，是老中产阶级和不稳定无产阶级在文化意义上悄悄地贬值，其社会地位则被普遍降低。不光如此，新中产阶级中那些无力满足自己高规格要求的人也会承受巨大的失落感。独异化的生活方式内含高度的"失落"风险，这是其本质决定的。

数字世界也基于一种根本的不对称性：一方面是那些吸引着关注和赞赏（有时甚至过度）的个人（以及产品、地点、机构），另一方面是那些基本上保持隐形的、没有好的关系网，各自单打独斗的个人，他们缺乏认可，甚至会成为负面关注的对象，遭到鄙视或憎恨。

24 　　至于空间结构方面，大都会的繁荣是晚现代的特点。一方面，魅力都市吸引着新的经济产业、劳动力和观光客，城市之间展开了一场关于城市生活质量的跨地区竞争。另一方面，这又让一些地区"落后"，陷入人才流失、吸引力下降的向下螺旋。

　　最后，晚现代社会的"独异主义"还会导致政治领域的两极分化，这是必然的。自20世纪80年代起，新自由主义占据主导地位，它极端强调竞争和差异化，注重调动社会、经济和文化各领域的活力，去除它们的边界。激进民粹主义是对这一切的回应，它宣扬各个民族国家要封闭自己的社会。支持它的多是那些在自由主义现代化进程中处于下风或可能处于下风的群体。在民粹主义中，被独异性社会排斥的另一面，发出了自己的声音。

* * *

　　在第一章《文化冲突是争夺文化的战争：超文化与文化本质主义》中，我讨论了文化和身份认同之争如何深刻地影响了晚现代社会。塞缪尔·亨廷顿（Samuel Huntington）有个著名的论点，认为我们面对的是不同的文化圈之间的斗争，与之不同，我认为，全球范围内两种相互矛盾的文化处理方式在相互对抗。一种是超文化，它塑造了"个体的自我实现"这种文化形式，为全球化市场上的多样性开辟了空间。另一种是文化本质主义，其中文化被当作集体身份认同的固定所在，同时也是其媒介。我们需要思考的是，这两种"文化化"形式之间有什么样的关系，以及除这二者之外，还有没有别的选项。

25 　　第二章《从扁平中产社会到三阶层社会：新中产、老中产、不稳定无产阶级》探讨西方国家社会结构重新分层的特征及其原因。在工业化现代，中产阶级几乎涵盖全民，随着后工业化和教育的普及，社会阶层形成了三级架构。一方面，受过高等教育的城市新中产阶级崛起，成为晚现代新的领导阶层；另一方面，以从事服务业的无产者为主的不稳定的新底层阶级的社会地位下滑。在二者之间，是注重秩序和稳定性的传统的中产阶级。显而易见，阶层之间的关系不能简单归结为物质上的不平等，文化因素才对他们抽象价值的升或降起根本性的作用。

第三章《超越工业化社会：极化的后工业主义和认知 – 文化资本主义》关注资本主义西方的结构转型。在西方，工业经济失去了塑造社会架构的作用。但是，我们生活在后工业经济中这一事实到底意味着什么？这一章节阐明，工业化到后工业化的经济转型，其实是对叠加在一起的"饱和危机"和"生产力危机"的回应。本章指出了在基于无形资产（intangible assets）、知识劳动和可扩展性的认知资本主义中，商品所具有的特征。本章还分析了文化资本主义的工作机制，认为其市场依赖于符号商品在消费者眼中的不断变化的声誉。认知 – 文化资本主义是一种极端的资本主义，它会导致社会也经历深刻的经济化。

在第四章《精疲力竭的自我实现：晚现代个体及其情感文化的悖论》中，我研究了晚现代"自我"在日常实践和心理动态中的文化主导型生活形式。为了实现自我而进行"浪漫主义的"努力，同时又追求"市民"眼中的社会成功，要把这二者结合在一起，意味着什么？本章指出了晚现代生活方式中的两难困境，即个体的主观体验和心理满足成了脆弱的成功标准。这种生活方式受到一种矛盾的情感文化的影响，一方面极端地要求生活的目标应该是积极情感，同时又没有提供应对失望和沮丧等负面情感的办法，而这些负面情感，也是这种生活方式必然会导致的。

最后一章《自由主义的危机与寻找新政治范式之路：从开放的自由主义到内嵌的自由主义》专门讨论当前自由主义与民粹主义针锋相对而产生的政治危机。对于自 1945 年以来政治的发展走向，我提出了另一种解读方式，认为其中起作用的不是左右翼的交替，而是两种全局性政治范式的交替：调控范式和调动范式。正处于危机中的自由主义，是由新自由主义和左翼自由主义合成的，自 20 世纪 80 年代起就起着主导作用。它的危机可以理解为"过度调动的危机"。问题是，应该对"内嵌的自由主义"提出哪些要求，使它能够取代这一范式，同时又提供民粹主义之外的新选项。

除了第一章以前发表过两个版本 [11]，其他章节都是为本书新撰的。我写作时考虑到它们能各自成章，也能单独解读。阅读它们时，也不必依照什么顺序。读者只需由着自己的兴趣去读就好！

感谢编辑伊娃·吉尔莫（Eva Gilme）细致的审读，感谢莫里茨·普莱瓦（Moritz Plewa）和朱利叶斯·福伊特（Julius Voigt）在编辑工作上提供的帮助。

第一章 文化冲突是争夺文化的战争：超文化与文化本质主义

大约四分之一世纪之前，铁幕落下之后不久，美国政治学家塞缪尔·亨廷顿在他被广为引用的著作《文明的冲突》(*The Clash of Civilizations*)中提出了一个令人困惑的观点。[1]亨廷顿认为，东西方冲突的结束不会带来长久的和平，而是会重新形成一种不可预测且危险的冲突局面，即全球文化之战，涉及西方、俄罗斯、印度、阿拉伯世界以及其他地区。亨廷顿的观点起初遭到了反对。20世纪90年代，对于全球化，到处都是自由主义那种毫无保留的乐观态度，大多数观察家认为，西方模式的现代化会在全世界取得胜利。然而，现实情况却与此不同，现在我们看到，新的文化冲突的加剧：宗教激进主义发动的恐怖袭击、东欧和东南欧的民族主义倾向、印度对自身文化的自觉保护，以及右翼民粹在西方造成的离心力——令人吃惊的是这种现象还发生在西方的核心国家法国和美国。

面对这种复杂的局势，人们很容易倾向于采纳亨廷顿的观点。亨廷顿的观点有诱惑力，但终究还是过于简单。毫无疑问，这些冲突，不论在民族国家内部还是在全球层面，大多涉及文化问题，而文化问题又与身份认同问题紧密相关。而且，在当今晚现代社会中，文化具有不可低估的重要性。而文化问题，从"平等文化"到"主导文化"，如今经常成为公共辩论中的焦点话题，这也让人诧异。不过，我们不能像亨廷顿那样，将这些纷争简单地看作文化战争，而是应该换个看法：这是争夺文化的战争，也就是对文化的理解和处理方式进行的较量。与其说不同文化及其文化模式之间存在对抗性冲突，不如说——这也是我的预设——在晚现代存在一种更为根本的冲突，它就发生在我所称的两种截然相反的文化化体制之间。相互对立的不是不同的文化模式，而是更基本的对文化含义的两种截然相反的理解，以及相应的两种截然相反的文化组织形式。

晚现代社会正在经历全面的文化化，它有两种形式：一种——我称之为文化化甲——是生活方式的文化化，个体从全球文化产品市场收集可用之物，用来"实现自我"。这是一种世界主义的文化观，也可以称之为超文化。另一种文化化以集31 体为导向，建设一种道德上的身份共同体。我称之为文化化乙，它的机制基于内与外的二元区分，遵循均质共同体的模式，均质共同体也被称为想象的共同体，其文化模式是一种文化本质主义，有多种表现形式。这两种文化化体制之间的根本冲突是晚现代的特征。

社会的文化化

"文化化"这个概念听上去有点奇怪。在社会学中，有一系列带"化"字的概念，表示升级或加深：现代化、合理化、个性化、区别化等。同样，文化化表示文化扩展到了原本非文化的领域。不过，好像一直存在一个共识：从某种意义上来说，一切"都是"文化，因为人类的一切活动都依靠意义的关联，依靠表意世界才成为其所是的东西，那么这个"文化化"概念又是什么意思？面对这些疑问，为了给"文化化"这个概念一个社会学意义，需要注意两个区别：一个是广义而弱的文化概念与狭义而强的文化概念之间的区别，另一个是合理化与文化化的区别。

文化总体上是指什么？它在现代社会中的地位如何？文化无疑是人文社会学科中最具争议和多面性的概念之一。英国社32 会学家雷蒙·威廉斯（Raymond Williams）称它为现代的关键概念之一。这一概念从 18 世纪末随着现代的发展而流行起来，并非偶然。[2] 关于文化一直存在着各种不同的定义。[3] 在早期现代，人们用文化一词表示有些人杰出、卓越的生活方式。当时认为，只有少数人有文化——贵族、市民、教会贵族——而其他人，即大多数人没有文化。在德国浪漫主义时期，赫尔德（Herder）将文化定义为一个民族的整体生活方式，就像"德意志文化"跟中国人的文化不是一回事。将文化视为一个族群的生活方式，亨廷顿似乎也认同这种文化概念。文化的概念也可以是狭义的。各国的文化部门就是这么理解的，它们总说"文化艺术"，在这里，文化是指高等教育、各种艺术，有时候也指宗教。与此相反，20 世纪的文化科学对文化概念进行了彻底的扩展。比如恩斯特·卡西尔（Ernst Cassirer）就认为文化是认识世界的方式，是在世间万象和日常想象中解读世界，并赋予其意义的方式。[4]

最后一种，即文化科学对文化的定义，从很多方面来看是很有意义、有帮助的。通过找出行为实践所包含的定义、概念、区别和解读性预设，每种行为实践都可以被理解为文化性的。这样一来，不光宗教和艺术是文化性的，自然界、性别和技术也都有其文化性，因为它们也依赖人为的表意世界来对其进行定义和解读。不过，除了这一广义而弱的文化概念，要理解文化在现代社会中的作用，我们还需要一种狭义而强的文化概念。在广义的文化学理解中，几乎一切都可以被视为文化，因为到处都需要意义解释。而狭义的文化概念则认为，在与价值有关的地方，才有文化。[5] 我的出发点是：文化与价值是密不可分的。在文化范畴内，有些事物被赋予价值，它们被赋予价值，另一些事物就被剥夺价值。文化领域是一个动态的社会领域，在这个领域，一方面进行着"赋值"，也就是给予价值；另一方面进行着"去值"，也就是剥夺价值、贬值。一边是有价值的，另一边是没有价值的。注意：这里不是简单地指个体"拥有"可能会在民意调查中被询问的价值（观），而是指在社会进程中，世界的一些元素被赋予了价值或被剥夺了价值，也就是说这是一个高度动态的、往往充满冲突的"做价值"（doing value）过程。通过这种方式，艺术品或特定个体、神祇或伦理准则、流行音乐或老建筑公寓、时尚、YouTube 视频或基本法都可能变得有价值。

34　　每个人类社会都有其自己的文化领域，也就是说，它们有一套程序来赋予特定事物、空间、事件、群体或主体价值，并剥夺其他事物的价值。自 18 世纪末随启蒙运动、工业化和民主革命开始兴起的现代社会，也是这样的。然而，在很长一段时间里，文化领域在现代社会中似乎只扮演着边缘角色，落后于"实用"、"功能"和"效率"领域。因为文化有一个强大的对手：（形式）理性。如果说文化是价值赋予和剥夺的领域，那么理性就是目的—手段过程、中立程序、法规和认知程序的领域。依据法国社会学家埃米尔·涂尔干（Émile Durkheim）的理论，我们可以推导出"神圣"与"凡俗"之别。[6] 文化领域涉及从神祇到消费品的大大小小的神圣形式；而理性领域关心的是凡俗、客观、没有激情的东西，那些被除魅的东西。文化的正向、逆向赋值与强烈的感情紧密联系在一起，而理性的凡俗之物则没有多少情感含量。

　　现代社会从一开始就发展出了极其理性的体系。正如马克斯·韦伯明确指出的那样，现代性所依靠的是技术、经济、国

35　家和科学领域的形式理性化和效率的提升。[7] 经典现代（也就是 19 世纪的资产阶级现代和 20 世纪头三分之二时期的工业化现代）在很大程度上被实事求是和世俗化所主导。在这一时期，文化只是勉强维持一个边缘从属地位，最多只存在于艺术以及宗教残余中。向来服务于受过教育的资产阶级的文化机构，如剧院、音乐厅和博物馆，在这一时期形成了文化孤岛，为少量受众提供了暂时逃避或替代工业化工具理性逻辑的

机会。至迟在 20 世纪 70 年代，文化结束了这种孤岛式的存在方式，因为从那时起——在我看来这也是经典现代向晚现代（后现代）的过渡——西方社会开始了文化化。[8] 相对于理性领域，文化领域逐渐得到了扩展。当然，仍然（过去和现在）存在强大的理性化进程，但文化作为价值动态领域在晚现代逐渐扩展，因为有越来越多的事物——超越了是否有用、是否有需求、功能如何的问题——被吸纳进赋值和去值的游戏。随着晚现代进程，社会运行日益吸纳赋值、身份认同和情感逻辑，将平凡的功能性逻辑抛在了后面。然而，这种文化化进程有两种互相对立的实现形式：超文化和文化本质主义。

文化化甲：超文化

超文化作为一种文化化形式，自 20 世纪 80 年代开始发展成为晚现代的主流。它的承担者是新的世界主义中产阶级，主要集中在西方社会的都市中心，但也越来越多地占领了发展中国家的新兴城市。在超文化语境里，"文化"不再指受过教育的资产阶级的高雅文化，也不再指二战后循规蹈矩、千篇一律的大众文化，而是指在全球市场上流通的多元文化产品，为个体的自我发展提供资源。换句话说：超文化将全球文化视为一个庞大的资源库，人们可以从中取用多元化资源用于自我实现——日本格斗术合气道、印度瑜伽、北欧设计风格、法国电影、美国电游、克里奥尔或南德的美食、城市之旅、拉练式休假，还有主题旅行、世界音乐和艺术博物馆等等，不一而足。[9]

超文化的确是一种"超级"文化，也就是一种跨越性的、动态的原则，在被它创造的领域里，一切都有可能以极其多变的方式成为有价值的东西，但当然，并不是所有事物都具有相同的价值。对于超文化这种文化化方式，有两个决定性因素：一个是流通在文化市场上的商品，另一个是以实现自我发展的愿望来对待这些商品的主体。在这种全球超文化中，文化总是发生在文化市场上，在这个市场上，文化产品相互竞争。[10] 在商业竞争的背后，商品之间存在着争夺关注度和正向赋值这些稀缺资源的基本竞争。超文化这个文化领域在某种意义上也是一个市场，关注度、吸引力、高档次是大家竞相争夺的宝贝。这个市场是高度动态的，而且极不可测。它通常关注新的、创新的和创造性的事物，这些事物能够带来惊喜，但它也赞赏那些长期以来被奉为经典的文化产品。

超文化市场的核心支柱是全球性的文化资本主义，这是一种不断增长的创意经济，涵盖了从计算机和互联网领域到设计和建筑，再到旅游业的诸多领域。[11] 这种经济为后工业社会提供了基础，后工业时代的大都市中，各种文化对象和空间，如风格、时尚和场景，直接交汇，成为超文化资源库的一部分。有趣的是，跨地区的城市系统本身也日益转型成一个文化市场。在这个市场上，国家乃至全球范围内都在进行着关于居民、投资者和访问者的竞争。每个城市都已成为一种文化商品，它在争夺关注度和重视。这确实是前所未有的：在工业社会，城市的主要功能是满足工作和居住的需要；而在晚现代社会，柏林、西雅图、阿姆斯特丹、新加坡、圣保罗、墨尔本、开普敦、弗赖堡等城市被赋予了文化意义，也就是根据吸引力、原真性、趣味性、生活质量等特性被评价。它们相互竞争，不仅是为了争夺对其功能的认可，也是为了争夺对其价值的认可。[12]

除了文化市场之外，另一个在超文化形成过程中至关重要的因素是，正如前文所提到的，渴望自我发展或自我实现的个体。超文化不是集体主义导向的，而是个体主义导向的。它的支柱不是群体，而是具有自己的兴趣和愿望的个体。同时，它也是独异的：个体热衷于了解文化元素的独特性、特殊性，以及独异性，并将之收为己用，例如，一座城市或一处风景的特色，一次文化活动、一个品牌、一件物品、一种信仰或一种体育运动的独特性。对于这些晚现代的主体来说，文化产品变得如同资源，可以帮助他们发展出自己的独特个性。早在 1990 年左右，格奥尔格·齐美尔（Georg Simmel）就谈到过现代个人主义的特点，即个人致力于耕耘其"主体文化"。[13] 然而，直到 20 世纪 70 年代和 80 年代，这种自我实现的动机才在西方社会广泛传播开来，特别是在新中产阶级中（即生活在城市中、受过高等教育的人群，大多在知识领域工作）。[14] 这一发展趋势也蔓延到了一些新兴发展中国家。

对于那些想要实现自我的个体来说，全球超文化是个充满可能性的天堂，里面有的是可以取用的东西。个体可以将艺术和美食、旅行和思想、教育和身体文化以自己的方式组合起来，形成自己独特的生活风格和身份认同，并以此种方式在自己和他人眼中获得独一无二的价值。如果说，身份认同就是指一个人或一个群体解读自己的方式，他们将自己视为独特且与他人不同的方式，那么对于晚现代的个体来说，超文化就是实现这种身份认同的媒介。个体通过处理和组合全球文化市场上的产品，来获得自己作为独一无二的个体的身份认同。

在超文化中，一切都有可能成为文化，因此，以前存在的"正规文化"的边界正在消解。现在，尤其是高雅文化与流行文化、当代与历史、自己的与他人的（后者指各自民族文化之外的）之间的界限，已经稀薄到近乎消失。与经典的资产阶级文化观不同，超文化不再贬低流行文化、赞美以教育为基础的高雅文化。相反，现在像做饭、踢球这样的日常活动，以及流行音乐或文身之类的形式也可能变得很有价值。与此同时，高雅文化形式仍保持着声望：想想自 20 世纪 90 年代以来音乐厅和博物馆享有的巨大影响力，如毕尔巴鄂古根海姆博物馆、汉堡的易北爱乐音乐厅、开普敦的非洲当代艺术博物馆等。超文化将当代的东西和历史的东西不拘一格地结合起来并投入市场流转：网飞电视剧、艺术装置、Instagram（照片墙，简称 ins 或 IG）上的照片、水泥老楼、复古时装，以及重新焕发生机的历史街区。超文化还打破了对民族传统的固守，主张将自己的和他人的同等看待：外来的东西——比如西方人眼中来自遥远东方的运动文化和养心文化，德国人眼中北欧或意大利的设计风格——从超文化视角看来很有意思，能吸引人，是需要被人发现并取用的有价值的东西。[15]

多样性和世界主义是超文化的指导原则，这并不难理解。多样性是超文化的应有之义。[16] 人们认为，丰富多样的文化实践和来自不同国家、地区、民族、历史、社会或宗教背景的文化商品，都能带来进步，因为这样一来，可用于实现自我的文化资源就大大地扩展了。相反，较低的文化多样性甚至是单一文化将意味着较少的文化资源，以及与之相应的较少的实现自我的可能性。在超文化中，多样性与混杂性（Hybridität）相辅相成。混杂性意味着，文化特性不应该孤立地并存，而应该无矛盾地结合在一起。由此产生的东西，我们可以称之为文化世界主义。在此语境下的世界主义指的是对文化实践和文化产品的多样性持一种开放的态度，不论它们的来源如何。世界主义通常是一种全球主义，这并非偶然：它欢迎并推动产品、理念和人员的全球流动。

超文化意义上的"文化"不仅是一种特定的文化理念，也是在社会中创造、流转并应用文化元素的一种特定方式。近几十年来，超文化的文化理念之所以变得如此重要而强大，与社会多个方面的结构转型有关。首先，高素质跨国新中产阶级，其文化水平、经济实力和社会资本都比常人丰厚，通过超文化这个媒介，寻求并找到了他们的身份认同，他们以实现自我、

提高独异性名望为目的的生活方式也是由超文化这个媒介决定
的。其次，文化资本主义——其核心不再是工业化的功能性商
品，而是具有象征价值和体验价值的商品（包括服务）——通
过源源不断地提供文化产品，并利用原有的地方文化，持续给
超文化加温。再次，自由主义的文化政策提倡多样性和全球主
义，加强了尤其是大都市的超文化趋势。最后，全球移民进程
不断给全球文化流通添加新元素，也强化了文化化趋势。

文化化乙：文化本质主义

　　超文化随着全球化在原有的西方内部和外部一同铺展开
来。然而，自20世纪80年代和90年代以来，在它的兴盛过
程中，形成了一股敌对力量，可以称之为"国际性的文化本质
主义"。令人惊讶的是，这种力量也是如此地依赖文化，但它
对文化、对价值之来去有无的游戏，却有着与超文化完全不同
的理解。属于这一文化本质主义敌对阵营的有：三大一神论宗
教中的各种原教旨主义流派，俄罗斯、印度等国获得广泛而强
大支持的文化民族主义，以及欧洲、北美的右翼民粹主义和身
份认同运动（identitäre Bewegungen）。与文化本质主义稍
有不同但又有本质联系的还有北美的身份政治运动（identity
politics），以及一些地区的民族主义运动，比如苏格兰和加
泰罗尼亚。从表面上看所有这些趋势似乎很难统一在一个概念
下，但从更广的角度看，会发现它们都以它们所理解的文化和
身份认同为媒介站在对抗世界主义超文化的立场。

　　值得注意的是，文化本质主义有多种不同的变体，从地
区身份问题到宗教激进主义恐怖袭击，看上去似乎彼此毫无关
联，但仍能看出其中的根本共性。关键在于它们看待"文化"
时，有这样一个出发点：集体的群体认同。自由主义超文化的
核心是个人的自我发展，而文化本质主义的标志则是集体、社

42

43

区、文化所在之地。文化之所以宝贵，是因为它可以凝聚集体，给集体带来共同的身份认同。[17] 相应地，个人也要把自己纳入集体之中，这样就可以不用竞争，而自然而然地获得认可。文化本质主义是一种社群主义。不论是宗教群体还是文化民族主义，或是有民族自觉意识的社群，这个基本特性都是适用的。在这里，集体不是普通的、匿名的社会，而是它们自己眼中与众不同的存在，有自己独特的历史、信仰、源头。明确地说：在超文化观念里，个人是独异性所在，而在文化社群主义观念里，整个集体才是独异的，比如一个民族，它与其他民族都不一样，有"自己独有的"内在复杂性。

文化本质主义在自己的集体和他人的集体之间、在群内人与群外人之间建起了一道坚实的边界。在超文化中，文化以及有价值的文化产品是流动的、变化的、不可测的，跨越边界是常事，而在文化本质主义中，对抽象的内外界限保持警醒是核心要务。内部的、自己的文化被赋予了稳定的、似乎无可动摇的价值。用本尼迪克特·安德森（Benedict Anderson）的话说，这是一个想象的共同体，一个想象出来的、存在于集体构想中的共同体，维护着自己的形象认知、自己的历史和自己的道德规范。[18] 文化本质主义的理想就是共同体的均质性，它的确定性和一致性，个体之间的差异能被这些特性吸收掉。对外，则表现出更强的差异性：与内部的神圣性相比，外部世界是平庸的，或没有价值的。在文化本质主义理念中产生了"新型共同体"：它与传统的共同体相比不再是人们生于斯、长于斯的共同集体，而是人们自觉选择加入的共同体。[19] 文化性的新型共同体之间完全可能按照类似种族多样性的原则友好相处，也可能咄咄逼人地隔绝外来文化，在极端的情况下甚至想要消灭对方。所谓"外"，在宗教激进主义看来是不信神的人，在激进的民族主义看来是其他低等民族，在右翼民粹主义眼中则是世界主义精英和外来移民。

在文化本质主义中，自己的文化是不可讨论且不可违背的基本出发点：文化被视为一种本质，而时间和空间，即历史和起源地，是支撑这种独特文化的两大支柱。他们不赞扬当代或未来，而是回顾过往，追寻往昔、历史和传统，宗教、民族和人民扎根于此。同时，共同的起源地，他们长久以来居住的地方，常被视为确保身份认同的东西。所以文化本质主义对全球化的态度大多是批判的：产品和人的流动被看作自己身份认同的潜在威胁。

前面说过，文化本质主义大部分采取运动的形式，反对西方社会中因体系之便而得到好处、占据上风的超文化趋势。当然，文化本质主义有其历史前身，比如19世纪发现"民族"（或者不如说"种族"）的民族主义运动；但在晚现代，文化本质主义有了不同的社会地位：它可以被理解为"外围"针对社会"核心"发起的运动，而且既发生在民族国家内部，也发生在全球层面。这一运动采取的形式不是传统的、社会和物质意义上的阶级斗争，而是身份认同之争。[20]

文化本质主义，不论有多少变体——民族共同体、宗教激进主义、民族主义、右翼民粹主义——它们有一个共同点，即其主要承载者是那些自认为在工业化现代到后工业独异性社会转型过程中遭到失败的人们。从社会文化学的角度来看，这些人群是新底层和老中产中的一部分。[21]超文化和它的世界主义是"精英"们的事，集体身份认同运动才是阶级地位下降、失去价值、遭受痛苦的人们团结在一起用来表达失去社会地位、遭受文化欺骗的媒介。优越感和自卑感，在晚现代的文化本质主义中奇特地结合起来：处于弱势地位的人们试图通过集体身份认同来获得并确保一种强势。

与此同时，文化本质主义也是全球范围内的，即各个民族国家之间的一场外围针对中心的运动。这里的"中心"是指真实的或想象的西方，俄罗斯、土耳其、匈牙利、印度等认为遭受了西方霸权的国家，与这个中心划清了界限。[22] 同样，强势者——如殖民强权英国、超级大国美国、德法领导下的欧盟，等等——的歧视或这些国家觉得自己遭受的痛苦又转变成了它们自己赋予的、能够保证自己具有某种强势地位的身份认同。当文化本质主义不再局限于自己国家中的承载者，即现代化进程中的失势者群体，而已经开始发挥影响力时，就尤其会通过国家途径，例如国家的文化政策、教育政策和移民政策，施加影响。

超文化与文化本质主义：共存还是冲突

在晚现代，我们在许多领域能看到超文化和文化本质主义这两种文化体制的极化现象。只有采取了这种更为抽象的视角，才能认识到，彼此敌视的群体——比如萨拉菲派、玛丽娜·勒庞的国民联盟、基督教福音派、俄罗斯民族主义者都遵循同样的模式，即文化化乙模式。他们填入文化本质主义的内容虽然是不一样的，却使用了同一个文化化模式，并将之与另一种文化化模式，即文化化甲模式从根本上对立起来。在这里，我与塞缪尔·亨廷顿之间的观点分歧就非常清晰了。各种宗教激进主义、右翼民粹主义和民族主义表现形式在亨廷顿看来是不同的"文化"，而现在却显示出，它们全都在遵循同样的模式。反过来，"西方"也并没有像亨廷顿所提到的形成了另一种"文化"，而是在晚现代形成了一种完全不同的文化化模式，即文化化甲模式——超文化。然而，将两种文化化体制之间的关系描述成"西方与其他地方之间的对立"，是过于简化的做法。如前所述，超文化的历史根源可能在欧洲和北美，但是它早就超出了跨大西洋范围，变成了全球性的。文化本质主义也绝不局限于亚洲和东欧，在西欧和北美也同样存在。"西方"

不是空间概念，也不是地理概念，而是象征性概念。

超文化与文化本质主义相互碰撞，会发生什么？[23] 很多国际、国内的冲突都可以理解为这两种文化化体制之间的冲突。在冲突中，总是存在两种可能性：一种策略是彼此靠近并共存，另一种策略是将对方视作绝对的敌人坚决抵制。彼此靠近是指，努力将对方文化体制中的现象融合进自己的文化观，让共存成为可能。视作绝对的敌人坚决抵制是指，认为对方的文化化体制是激进的另类，并以戏剧化的敌友模式来处理双方关系。这样就一共有四种相处策略（见表1.1），每一种都有现实例证。

表1.1 文化化甲和文化化乙的关系

	文化化甲对待文化化乙的方式	文化化乙对待文化化甲的方式
共存	多元文化主义	文化圈子理论
对抗	"开放社会和它的敌人"	"西方的衰败"

超文化与文化本质主义的共存模式，在20世纪80年代和90年代表现为多元文化主义。[24] 西方自由主义的多元文化主义认为，文化生活方式的多样性其实是一种丰富，使种族共同体、宗教共同体等相对封闭的团体也得到接纳。总体上，多元文化是带着世界主义多样性眼光看待文化共同体的，认为这些共同体只是各有各的生活方式，是人们自愿加入的。这样一来，可以说正统的伊斯兰教、素食主义和青年亚文化都享有同等地位。从多元文化主义的视角出发，各种群体在一定程度上代表了不同的文化选项和文化风格，没有谁要求绝对性。文化资本主义也以偏重经济的多元文化主义为基础：带有地方特色的文化共同体是受到欢迎的外部条件，是某种资源，可以从中获取"地道"的文化产品，经过一番改造，拿来给自己用（海员的文身、中东的美食、印度僧人的冥想，等等）。

49

50

同样，文化本质主义过去也有过与自由主义超文化相处的策略。常见的一种是，将世界主义本身看作另一个文化共同体的某种世界观，也许很独特，但并不咄咄逼人。有一些非西方政府持这样一种态度，他们顶住在人权方面受到的抨击，依然坚持自己的价值观。在他们看来自由派的世界主义，是西方文化共同体及其历史的一个特殊表现。西方人尽可以去追随超文化，但要留在自己的地盘。政治上的文化圈理论认为，世界上有各种文化圈，世界主义超文化只是其中一种，即西方（北美—西欧）文化。

超文化与文化本质主义似乎完全可以和平共处。但是，好像只有当它们从根本上误解对方的时候，才有可能共处，只有当市场的文化化和自我实现的文化化将身份认同运动看作一种风格，看作是许多可选身份的一种时，当文化本质主义将超文化看作西方社会内部特有的现象时，和平共处才有可能。一旦这两种文化化体制开始以对抗的方式看待彼此——从社会学角度来看，它们确实是这样的——它们就会觉得自己的根基受到了威胁。随后就会爆发文化冲突，即为了维护自己特有的文化而发生的冲突。

还有第三种和第四种关系模式。如果超文化从身份文化中看出一种文化本质主义，它就会转向战斗模式，即开放社会与敌人的模式。当代社会经常出现这种情况。这时，文化本质主义就会被自由的世界主义者当作极权来看待：人们发现，超文化的多元性游戏要被信仰者与不信仰者之间的对抗、"我们"和"他人"之间的对抗挤到一边去，因此感到有必要重新审视多元文化主义。那么比如宗教激进主义就不再被看作一种可以自由选择的生活方式，自然也就不是什么"多彩"的补充，而是被看成对世界主义根基的攻击。顽固的白人至上的民族主义态度也就不会被宽容地看作一个新选项，而是成了一种要被批判的立场，因

为它不支持平等、多元的生活方式，而是会毁掉它。这会导致卡
尔·波普尔（Karl Popper）所说的"开放社会与敌人的斗争"。[25]

对方也会采取相应的对抗做法：在文化本质主义对世界主
义超文化的多种攻击之中，后者显得不过就是西方自由主义衰败
的表现，它会为消极的个人享乐主义的最终胜利铺平道路，会让
民族共同体和宗教共同体瓦解。超文化的动态赋值进程消解了原
有的内外之别，它将个体看得高过集体，这危害了文化本质主义
要维护的集体道德。西方或者自己国家内的自由世界主义者成了
文化堕落的象征。人们很容易将超文化、世界主义、文化多元性
作为反面，与之划清界限。如前所说，迄今为止文化本质主义阵
营内部的敌对各方又不断联结成意想不到的各种同盟，与共同的
"外部"超文化斗争：基督教福音派可能与正统穆斯林并肩战斗，
反对同性之间的开放式婚姻；欧洲各路民粹主义者团结一致反对
美国谷歌和有线电视新闻网的"文化帝国主义"。

制造普适性——普适的文化是个选项吗？

超文化与文化本质主义的对立可以避免吗？当代社会还能
不能建立其他文化模式？这是个紧迫的问题，因为不仅文化本
质主义会造成麻烦和危险（在西方自由主义者看来这一点很容
易发现），超文化也有缺陷，并因此招致了全世界文化本质主义
者的一致批评。[26]

超文化有两大缺陷，一是缺少狭义上的集体，二是缺少
一种需要共同遵守的规范性文化实践。超文化的基础是文化的
无限变动，而这些都发生在以"实现自我"为追求的个体身
上，发生在个人的"主体文化"中。这种文化模式到了极端的
时候，就不再认同有什么社会共享之物能够跨越个体之间的界
限获得地位。人们相信什么，对什么深信不疑，这仿佛是纯属
"主体文化"的私人事务，晚现代社会作为一个整体，是不能

52

53

干涉这个的。晚现代社会也无力提供那种"必须有价值"的东西。在这里，唯一起作用的是抽象机制：除了对个人起保护作用的公共法规之外，事实上就只有市场机制在起核心作用了。文化价值的议定最终取决于广义的市场机制，由它们来决定各种元素的关注度、地位和名望。[27]

54　　　要更好地理解为什么文化化乙具有强大的吸引力，就要理解文化化甲的上述缺陷。当然，不同类型的文化本质主义都有其无法解决的自身问题，因为它们固化了集体身份的边界，极端情况下会造成对内部个性的压制，对自己边界之外的"别人"和"外人"则会去值并排斥，以此来为"自己的文化"造成一种人为的均质化。这样的文化本质主义之所以能吸引信徒，也是因为晚现代超文化中有些没有获得利益的人能在这里找到有用的武器。不过情况没这么简单。文化本质主义也可以被理解为一种回应，回应超文化中集体的缺位和共同规范的缺失。超文化缺少共同规范，也无力提供一种集体共有的"有价值的""值得追求"的东西，这些缺陷有可能会演变成一种态势，即超文化把自己耗干在享乐个人主义中。作为对这一风险的回应，文化社群主义通过重建文化性集体，试图通过重新采用以前的"均质集体"这个旧有模式，填补共同规范的空缺。

　　　另一种文化化，即文化化丙，有可能吗？一种以集体为导向，同时又不推崇本质主义，也就是说不以"均质共同体"为出发点的文化观？英国社会学家特里·伊格尔顿（Terry Eagleton），还有法国社会学家、哲学家弗朗索瓦·于连
55（François Jullien）都指出了这个文化模式丙，也可以称之为通用文化模式或普适文化模式。[28] 在西方现代社会，这个模式从一开始就存在，只是后来变得次要了；有条件地重新利用这一传统，可能会带来很多好处。就算文化普适主义丙看起来有

些过时，或者有些天真，它仍能在高度极化的晚现代社会重新获得现实意义。

将文化本质主义和文化普适性下的超文化（即以集体为导向，但又不是本质主义的）对比来看，会发现二者有一个扎眼的共同特点，不对照的话就容易忽视。那就是，文化的价值在两种观念中都在于特殊性和独异性，于前者而言，是共同体的独异性；于后者而言，是文化产品的独异性，以及追求自我实现的个人，他们的与众不同。文化本质主义和超文化共享了浪漫主义的遗产——将文化理解为独特之人和独特之物，就像赫尔德、卢梭、施勒格尔所阐发的那样。的确，不管是超文化—个人主义模式和还是文化本质—集体主义模式，都能回溯到浪漫派的话语上去，因为浪漫派话语推崇个性张扬，也推崇地点、时刻和物品的独异性。同时，它们"发明"了"人民"和"民族"这两个概念，用来指称与自己持有同样价值的共同体。在这两个领域中，文化都确定无疑地与独异性挂钩，而不是与普遍、通用的性质挂钩，因为浪漫派在对现代现实主义的批判中认为，普遍、通用的东西是有缺陷的。[29]

但是别忘了，浪漫派话语是针对强大的启蒙运动的一股逆流。而启蒙运动所塑造的文化概念，时不时地（在初期甚至特别强调）与普适性产生联系。如果文化是指"被认可为有价值的"东西，那么在欧洲的理想主义中，它就是指一种共同的人类文化，一种"人文"文化。弗里德里希·席勒的书信体论章《审美教育书简》就是以这种文化概念为思想框架的。这种文化概念不仅将美学与伦理结合在一起，而且也（还）清楚地区分文化和文明。[30] 其目的就是统合文化价值和社会规范。近几十年来，这种普遍主义文化观在政治文化议题中失去了威望，也不无道理。人们指责它的精英主义和族群中心主义。在双重意义上，这种普遍主义文化观都是一种自负的观念。首先，它将一个小群体对文化和文化性货品的标准，即欧洲市民阶层的标准，强制作为普遍标准，而将所有不符合此标准的都归入"低价值"一类。此外，高雅文化在大众流行文化面前的自命不凡、欧洲和西方在其他文化面前的优越感，也都是其表现。

57　　于是这种文化普遍主义如今几乎没有人认真理会。但我还是想——就像伊格尔顿和于连那样——请大家考虑，如果对文化中的普遍性批判地加以利用，将之作为一种导向，也许是独异性社会可以有的。文化比较均一、平等程度较高的战后社会，转变为多民族和多宗教社会，并分化成不同的社会文化阶层之后，一个问题就被提上了日程：什么才是、才应该是所有人共有的文化。社会的转型使另一个问题变得急迫起来：什么能成为共同价值的基准点——小到一个城市、一个地区，大到一个民族国家或跨国环境比如欧盟，直至整个国际社会，都需要共同的基准点。如果要问，什么是对所有人来说——所有人，不论他们属于哪个种族、哪种宗教或哪个社会群体，偏好哪种生活方式——都是文化上"有价值"的，其实就是在追问普适性。

　　毫无疑问，仅仅在理论上以晚现代社会为框架提出一种普适性文化模型都是不容易的。这里的关键是，要将普适（das Allgemeine）与异质（das Heterogene）放在一块儿去想，而且，不能以为普适性本来就有，它其实是一个被不断制造的过程。与以前市民阶层文化普遍主义的观点不同，文化普适性并不是先验存在的，它其实是在一个不断变化、结果不定的过程中被处理的对象，在这个过程中，社会（比如某个民族国家，法国、英国或者德国）对自身范围内"什么应该被共同认可并具有约束力"不断进行协商。普适性不是现成的，而是由文化实践和文化规则构成的，而这些实践和规则又处在不断的形成过程中。这并不是说，国际社会必须亲自对它展开协商。其实主要是一些小的单元，比如民族国家或一座座城市或一个个城区，它们有必要建设文化的普适性。普适性在真实生活中，的确仅仅适用于在这个小单元里生活的所有人，对这些人来说它是普遍有效的。

这样一种普适性文化可以包括一些价值取向，比如发扬自我、性别平等、家庭凝聚力，也同样可以是崇尚成功、强调历史意识这样的价值，以及教育、科技或体育界的一些实践。可以适用于对待大自然的态度，也同样适用于公共空间或虚拟空间的人际交往；艺术品、书籍、建筑和其他文化物体的价值也可以在这种理念下得以统合。在根本上，它总是一个制造普适性的过程（doing universality），这个过程没有终点，必须不断地进行调适。这样一种文化普适性与文化本质主义不同，它并不基于共同体的（已有的或人为的）均质性，而是基于晚现代社会的文化异质性，这种异质性为文化普适性的议事过程提供资源储备，它是不容回避的。[31] 文化的异质性当然是一个需要面对的现实，与超文化对待多样性的态度不一样，文化的异质性在这里并不是无缘无故就要加以推崇的东西。普适性文化既不遵循市场规律，也不会对集体采取对抗或漠然的态度。毋宁说它遵循的是全体参与的逻辑，同时又要求所有人艰苦努力共建文化。

那么就要问了，制造文化普适性如何能超出理论范围，获得现实意义？在晚现代条件下，制造普适性的一个核心手段是法制，特别是宪法，可以在里面除了规定中性的流程之外，还给出"有价值之物"的范围。另一个途径可以是媒体上的政治舆论，可是，因为数字技术革命，这一领域本身已经背负着巨大的正名压力。最后还有教育系统和文化系统，就是中小学、大学、博物馆、剧院等，也是一个途径。

从博物馆的例子就能看出，创造文化普适性所面临的实际挑战。博物馆现在是全球创意产业的一个蓬勃发展的枢纽，在该产业充斥着挑剔的文化消费者以及对多样性的赞美。同时，在一些地方，博物馆又被文化本质主义者瞄上，用来为他们的身份认同政治服务。它能升格成为文化普适性的场所，一个可以在异质性中思考共性的地方，供人们批判地思考国际社会的共性、欧洲的共性或某个政治性群体的共性吗？[32] 在这里，对共性的探索涉及过去及其遗迹，也涉及当下和未来。当然，博物馆可以专意宣扬某种均质的集体身份认同，或者展示个人兴趣和多样性。但它们也可以参与对共性的探索，承认文化异质性的同时，反思社会实践的共同基础——无论是通过纪念文化、未来规划、审美刺激，还是对当代问题的主体化，都可以实现这一点。教育系统也面临着促进文化普适性的挑战。自21世纪起，中小学，尤其在欧洲和北美，成了各种文化冲突的秀场。在超文化模式背景下，一些价值观，如发扬个人的独特天赋、发展文化的多样性等，被引入教育中，而文化本质主义要求学校进行民族认同教育。在教育系统中建设文化普适性，意味着在尊重学生异质性的前提下，将学校作为大家共享的学习场所来建设，并相应地为所有学生——不管种族、宗教及社会背景如何——引入适宜教育、适宜共存的，社会公认有价值的规范和做法。[33]

在晚现代社会，文化普适主义，即文化化丙模式，肯定不能取代占主导地位的文化化甲模式——超文化，也不能取代认同作用很强的文化化乙模式——文化本质主义。不过，面对此二者，它却可以成为一支批判性的反对力量，建设性地利用前者的文化储备和后者的文化共同体。在独异性社会中，文化普适主义能在多大程度上超越社会哲学讨论的界限，对社会实践和制度产生真正的影响，这还是个未知数。目前看来，超文化与文化本质主义之间的冲突仍主导着社会现实。

团体中，回到本地人或移民组成的"平行社会"里，这些社会维护着他们的集体认同感。但也有可能出现"再政治化"的现象，他们要么加入新社会主义左派阵营［比如法国的让－吕克·梅朗雄（Jean-Luc Mélenchon）发起的"不屈法国"（La France insoumise）运动］，要么像部分老中产一样走上民粹主义右翼的道路。可以想见，主张全球化的左翼自由主义和经济自由主义新中产，他们生活的世界和政治的倾向，都与新底层相去甚远。新中产阶级左翼自由主义或经济自由主义的世界主义立场，从生活到政治领域，都与新底层阶级格格不入。

顶层：财富带来的差距

顶层阶级飘浮于一切之上。"超级富豪"——社会上最富有的百分之一（甚至更少）的人——的地位，首先可以从形式上确定。两个中产阶级都靠劳动收入生活，而顶层则依靠他们的（继承的或自己挣来的）财产生活。正如托马斯·皮凯蒂等人所明确指出的那样，自20世纪80年代以来，西方（现在也包括俄罗斯等国家）位于财富金字塔最上层的人的私人财产在急剧增长。[51] 顶层阶级与中产阶级（包括新中产）的根本区别，就是经济资本的规模，而不是文化资本的规模。在此，发生了从量到质的重大转变：财富——不论是金融资产还是房地产资本——如此巨大，严格来说，劳动已不再必要。与传统的食利阶层，也就是老顶层阶级相比（现在也还存在），新顶层阶级的特点是：他们依然工作并且非常积极。他们不仅在顶级企业的领导层或董事会任职，还在高端的法务或金融领域的最高层任职；新顶层阶级还包括媒体、电影、体育、艺术或建筑领域备受瞩目的明星，以及数字经济领域领军企业的高收入者。他们的财产有可能部分是继承来的，但主要是巧妙增加巨额劳动收入的结果。这些人受益于晚现代知识和创意经济的"赢者通吃"市场，因为这个市场会给特别成功的人超多的回报。

老顶层过去和现在都倾向于定居，在这一点上与老中产相似，而新顶层的特色则是全球流动。他们是拉尔夫·达伦多夫（Ralf Dahrendorf）所说的"全球阶级"，简历上都有国外经历。[52] 新中产也具有的全球主义意识，在新顶层这里表现得尤为明显。因此，新顶层不再像老顶层那样保守，而是在追求自身经济利益的同时，也提倡"让世界变得更好"的伦理观，这在数字经济巨头（如，盖茨及其公司）、金融市场资本主义巨头（如，巴菲特及其公司）和他们的"解决主义"（Solutionismus）中表现得最为明显。

在文化方面，很多迹象表明，新顶层在某种程度上符合新中产的"成功的自我实现"模式，而且特别强调"成功"这一方面。顶层阶级与中产阶级在财力上的根本区别会影响他们的生活：中产阶级必须辛勤地进行地位投资（也有可能失败），而新顶层则没有这个必要。对于生存所必需的事与物，顶层阶级通常可以保持最大的距离。当然，顶层也会投资（或让别人投资），但他们能有一种"随心所欲"的活法，而不用对未来感到忧虑，这对于新中产来说是无法想象的。因此，顶层可以活得奢华、独特。《墙纸》（*Wallpaper*）、《单片镜》（*Monocle*）、《安邸AD》（*AD Architectural Digest*）等国际杂志展示全球顶层阶级的豪宅、大城市房产，精选旅游地、餐馆和消费品，充当了一个橱窗，里面摆放着大多数人虽然无法企及却羡慕和向往的生活方式，其影响力也远远超出了超级富豪的狭窄圈子。

横向属性：性别、移民、地域、圈子

我迄今为止所描绘的晚现代社会结构必然是抽象的。我

从传统的不平等传统研究的角度来看, 近几年来有一种论66
断激发了政治舆论的关注, 但同时也掩盖了一些重要的问题:
它就是"超级富豪"的崛起这一论断。近几十年来, 西方社
会（还有其他地方）形成了一小群百万富翁乃至亿万富翁, 这
现在已经是广为人知的事实了。最上层的百分之一甚至千分之
一的人, 聚敛了巨大的社会财富, 大到让人愤怒的地步。托马
斯·皮凯蒂（Thomas Piketty）系统地研究了这一财富结构的
转型, 而美国的"占领华尔街"（Occupy Wall Street）运动提
出了"我们是99%"这一具有强大政治影响力的口号。⁴尽管顶
层超级富豪现象在政治上具有无可置疑的重要性, 但聚焦于这
极少数人, 就会让99%的人口淡出视线, 而且这好像也意味
着, 这99%的人是个整齐划一的群体。关键是——这也是我的
出发点——社会结构和生活方式在这占人口99%的群体内部发
生了根本性转向; 而这种变化不仅仅涉及收入结构的变化。

当然, 在当代社会学中, 除了传统的不平等问题研究之
外, 并不是没有其他关注生活方式的日常逻辑及其变化的研
究。过去和现在, 都有所谓生活方式研究和社会环境研究, 关
注价值观、生活原则、消费方式、社会形态以及生活方式的日
常实践。这一研究领域关注的是历史变迁中的日常生活文化,67
而且自20世纪80年代起, 该研究领域就发现了生活方式的多
样化。在德国, 格尔哈德·舒尔茨（Gerhard Schulze）以及
他的著作《体验型社会》（*Die Erlebnisgesellschaft*）和不断
更新的SINUS系列研究对这一研究方向产生了重要影响。⁵这
种社会环境研究的传统具有长远价值, 非常值得肯定, 但也不
免有其片面性。其中之一, 就是它倾向于暗示生活方式的多样
性, 以及由此产生的多样的消费偏好和价值取向, 从而假设这些
都共存于社会上, 在一定程度上并行不悖。这样不仅低估了资源
分配不公的问题, 还将多种生活方式之间的博弈呈现为一种超

越社会权利和统治机制的文化差异系统。事实上，各种文化生活方式并不是平等的，它们在人生机遇、生活感受和社会地位方面都存在巨大的差异。说生活方式是"文化性"的，并不是说其各种理念和实践与权力无关，这里存在霸权和等级制度——因而也不可避免地会围绕霸权、围绕价值的升降发生冲突。

正是出于这个原因，我想讨论"阶级"。[6]阶级不仅指社会静态的收入层次，也不仅指日常生活方式。阶级这种构造，同时具备文化性质、经济性质以及政治性质。一个阶级就是由多个个体构成的群体，他们共享同一种生活方式，包括相应的生活原则、日常理念和实践。这是阶级的文化维度，使其成为一种生活方式。与目前盛行的"劳动社会的终结"这一论断不同，我认为，职业活动，即劳动的形式（以及形式的缺失）仍是当下晚现代各种生活方式的核心。除了劳动实践之外，其他一些实践活动也构成了生活方式的文化维度，包括消费和休闲、私人关系、性别秩序、家庭生活、定居的空间（城市/乡村）、受教育程度、对媒体的态度以及政治取向。这些实践活动的交织，形成了一种令外人也能感知到的生活"风格"。通常情况下，个体之间的互动和交流都集中在同一阶级中志趣相投的同伴中。这种生活方式还通过特定的情感状态表现出来，即一种贯穿其日常生活和自我意识的情感基础——个体的存在以某种方式被"感受"到，情感范围从骄傲、满足到疏离和绝望。

在一个社会阶级框架内的一种生活方式，有其特定的资源配置，使个人能够如此这般地生活，而不能过另一种人生。因此，这些资源构成了阶级现实的第二个维度。资源一方面无疑是物质性、经济性的，即收入和财富；另一方面也包括皮埃尔·布迪厄（Pierre Bourdieu）所说的"文化资本"，即一个人所接受的正规教育或其他习得的技能，以及社会关系这类

"社会资本"。[7] 各个阶级在社会中构成了整体的社会结构体系和文化体系，其中存在地位之争和文化之争，这是阶级的第三个维度，即非常广义的政治维度，涉及权力、统治和霸权等问题。一些阶级长期处于上升阶段，另一些则在下降。各阶级在地位、声望、满足感和影响力方面存在差异。不同阶级彼此之间的态度，可能是尊重、淡漠或对抗。有些阶级堪称楷模，他们的生活令人向往，另一些阶级则显得存在缺陷、令人羞愧。有些社会群体整体升值，有些整体贬值，而这些过程在一定程度上受到媒体、国家政策和经济的影响。

国际环境和历史因素

要理解西方晚现代社会正在经历的社会结构的转型，必须将之与 20 世纪各阶级、各种生活方式的发展历程联系起来。同时，还必须将它置于近 30 年来全球范围的社会结构转型的背景之下。

我们总是容易忽视一点：当下正在发生的深刻的社会结构转型，是从不发达国家开始的。[8]1945 至 1990 年，西方工业国家和发展中国家在生活水平方面判若云泥，存在巨大的贫富差距。然而，新兴工业化国家现在已迎头赶上。中国及其他亚洲国家，如印度、印度尼西亚、韩国和泰国，以及一些拉美国家，自 1990 年起已融入世界市场，并在短时间内从农业国转变为工业国，国内生产总值大幅增长。城市人均可支配收入也在短短几十年内翻了好几倍，于是在上海、首尔、曼谷、孟买、圣保罗和开普敦等城市，都形成了庞大的、雄心勃勃的全球中产阶级，他们追求与自己相配的生活方式。他们大约占世界人口的五分之一。

发展中国家中新兴的中产阶级，在教育、职业、伴侣选择、家庭、消费和休闲等问题上发展出了自己的模式，这个模式受到过去和现在西方中产阶级生活的一些影响，也有自己本地特定的文化风格因素。自 1990 年起，新兴工业化国家经历了雄心勃勃的中产阶级的崛起，类似于 1945 年之后西欧和美国所经历的那样。正如布兰科·米兰诺维奇所揭示的，就可支配收入而言，自 1990 年以来，全球范围的社会不公明显减少了。[9] 然而，这种趋势可能会被那些仍然将世界分为"富裕的北方"和"贫穷的南方"的观察者所忽视。随着人口众多的新兴工业化国家中广大的中产阶层变得越来越富有，他们的生活条件变得与西方国家不相上下。国际社会当前的格局，与 1945 年到 20 世纪八九十年代的工业化现代相比，呈现出不同的面貌。以前是工业国家和发展中国家经济上的两极分化，现在变成了全球的三分之势。一块是经济规模和中产阶级规模不断扩大的新兴工业化国家：即崛起的发展中国家。另一块是在经济和社会方面极少或几乎没有进步的发展中国家。这些贫穷的发展中国家有一些被政治学者称为"失败国家"。还有一块就是发达国家，即欧洲和北美国家（包括日本和澳大利亚），自 20 世纪初直到 20 世纪 80 年代，这些国家都是工业化现代的核心。在晚现代时期，这些国家出现了复杂的社会结构的发展趋势。

尽管美国与德国、英国与北欧国家、法国与日本之间有着地域差异，有着各自特殊的历史背景，但在西方国家的社会结构变迁中，出现了一个共通的模式。简而言之：尽管战后到 20 世纪 80 年代的工业化现代主要表现为扁平的中产社会，但晚现代社会越来越呈现出三阶层社会的形态。它由三大群体组成：正在崛起的高素质新中产阶级，停滞不前的老中产阶级或传统中产阶级，以及正在衰落的底层阶级或不稳定无产阶级。[10] 这几个阶级在文化生活方式、资源配比以及社会权力地位方面，都有显著的区别——甚至到了两极分化的地步。这样一种阶级分布体现了处于晚现代的发达国家的一个根本特征，即社会地位的升与降和文化价值的升与降同时发生。因此，晚现代社会作为一个整体既不是纯粹"走下坡路的社会"［奥利弗·纳赫特韦（Oliver Nachtwey）］，[11] 也不是按照"电梯效应"（Fahrstuhleffekt）［乌尔里希·贝克（Ulrich Beck）］向上走的社会（它曾经是这样），而是同时兼具二者：它是且升且降的社会，具体是升是降，取决于我们所关注的社会群体。这样一种"料斗电梯"效应*，决定了晚现代社会矛盾的且争议性的结构。

　　为了正确评估这种变化，有必要简要回顾历史。现在这种社会结构有多新？当然，应避免对从第二次世界大战结束到 20 世纪 70 年代的这 30 年，即"辉煌三十年"［富拉斯蒂耶（Fourastié）］，进行淡化处理。[12] 现代国家中一直存在社会差异和文化差异。然而，有很多迹象表明，从历史比较的角度来看，高度发达的工业化现代生活方式具有相对较高的社会公平度和文化同质性。尤其是将它与之前的时期，如 19 世纪和 20 世纪上半叶资产阶级与无产阶级尖锐对立的时代相比较时，这一点显得尤其明显。更重要的证明是，工业化现代的"平等社会"［皮埃尔·罗桑瓦隆（Pierre Rosanvallon）］用赫尔穆特·舍尔斯基（Helmut Schelsky）的话说，是一个"扁平的中产社会"。[13] 在德国和美国，因为中产阶级（middle class）几乎覆盖全民，这一点尤其明显。两个来自西德社会学界的概念，很好地概括了这种社会结构的特征：汉斯·马丁·博尔特（Hans Martin Bolte）的"洋葱模型"（Zwiebel-

73

---

*　译者注：料斗电梯（Paternoster）是一种老式电梯，18 世纪发明于英国。不像现在的电梯同时具备升降功能，这种老式电梯有两条传送带，一边上升，另一边下降。作者借此比喻社会阶层的上下流动。

Modell）和乌尔里希·贝克的"电梯效应"。[14] 洋葱模型认
为，在符合这一模型的社会中，从拥有资源的角度来说，绝
大多数的人口位于核心，只有少数人脱颖而出或跌落于底层。
而"电梯效应"则指出，尽管有收入和教育方面的不均衡，但
几乎每个人都可以确信，能够不断地提升现有水平，变得更
富有。

工业化现代扁平的中产阶级社会整体上的特征，一是有
国家和社会参与调节的、相对公平的社会财富分配，二是平稳
的经济增长推动的持续财富增长。[15] 在 1945 年之后，无论是
工人阶级还是农村人口都能在此基础上最大限度地融入全面的
中产阶级。这一社会形态的经济基础是工业生产，尤其以福特
主义式的大规模生产为主。实际上，在西德和美国这样的国
家，在 20 世纪 50 年代，近一半的就业人口从事工业生产。发
达的工业经济和平等的中产社会是一体两面的。有趣的是，学
历高低并不是中产阶级繁荣的决定性因素——受教育程度低也
不会妨碍人们过上中产生活，因为福特主义的大规模生产并
不强制要求学历。[16] 于是，社会中层就由专业工人、职员、自
由职业者和非技术工人一同构成。拉尔夫·达伦多夫（Ralf
Dahrendorf）于 1965 年提出的"房子模型"，与"洋葱"和
"电梯"模型并列，是展示工业化现代社会结构的三种最具影
响力的模型之一。房子模型形象地描述道，这样的社会宽大的
中心由两个强大的部分构成：狭义的中产阶级和处于上升阶段
的"小资产阶级化的"工人阶层（见图 2.1）。

然而，我们不应该忘记，扁平中产社会不仅基于广大中
间阶层拥有的相似资源配置，还基于特定的日常文化。可以称
之为小资产阶级文化。因此，中产阶级可以将自己看作行为
方式与地位相匹配的中间阶层，1945 年以后，工人阶级通常
也被归入这一阶层。对待职业和家庭的态度是此阶层最突出

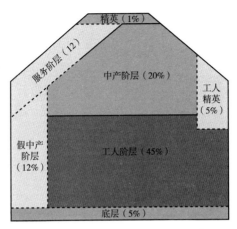

图 2.1 1965 年德意志联邦共和国社会结构 [17]

的特点，对社会地位的追求是他们的核心目标。他们为社会地位投资，即他们不断改善各种条件（比如通过住房贷款或职场升迁），以提高自己的社会地位。[18]"生活水准"不仅仅是一个经济衡量标准，也是一种日常生活文化规范：人们努力追求那些已经取得成功的人过着的适度舒适的生活。威廉·怀特（William Whyte）在他值得一读的案例研究专著《组织人》（*The Organization Man*）中，以芝加哥郊区中产阶级为例，描述了 20 世纪 50 年代生活水准与消费之间的巧妙关联是如何步步升级的，用书中的话说就是"与你的富裕邻居保持同样的生活"（Keeping up with the Johnses）。[19]他强调了"正常"之标准（Norm der Normalität）的重要性，这对老中产阶级至关重要。他写道，人们"十分坚定地要像其他人一样正常，最好还要更正常一些"。[20]人们追求社会的"正常"水平，这一点贯穿了每一个生活领域：消费与休闲、工作与职业，以及家庭与伴侣关系。扁平中产社会是一个父权社会，男主外女主内的小家庭模式是其根基。通常情况下，子女的教育也是以默认

77

的一致性为导向的——情感表达和异于常态甚至古怪的行为都是不受欢迎的。因此，在个体及其性格方面，中产社会也呈现出扁平化的特征。"中间阶层"不仅是社会和物质意义上的概念，同时也是文化意义上的概念：它赞美中庸、适度，赞扬秩序和规则，个体在家庭、工作和居住环境中都需要并且也应该融入这些规则之中。

这样一种扁平的中产社会已不复存在，但其影响力却惊人：作为一种怀旧记忆，甚至是一种规范模式，左翼和右翼都会引用它，例如在德国关于"中产阶级危机"的辩论中。显然，人们很难不以"失落"或"不再"这样的概念去理解当今之事，而是将其理解为某种新东西。但这种新东西又是怎么产生的？

大环境：后工业化、教育普及、价值观变革

西方国家从 20 世纪 70 年代开始，逐渐从扁平中产社会向晚现代三阶级社会转型，并在 90 年代加快了速度，其中三个相互关联的关键因素尤为重要。这些因素涉及 20 世纪和 21 世纪的长期经济、社会和文化历史进程：首先是经济的后工业化，其次是教育普及，最后是价值观变革的自由化进程。

自过去四分之一世纪以来，西方国家的经济基础发生了根本性转变。工业经济在实质上日益成为后工业经济。[21] 这一点直接体现在就业结构的转型上。[22]20 世纪前 60 年的突出特色，是劳动力迅速从农业转向工业，而在这之后，劳动力同样迅速地从工业转向服务业。工业领域的从业者比重，在美国，从 1960 年的 50% 降到了 2015 年的 26%；在联邦德国，从 1950 年的 45% 降到了 2017 年的 24%。[23] 在一些地区，实际上已经发生了去工业化，例如美国中西部、英国北部、法国北部，以及德国鲁尔区。西方产业工人，曾经从事着社会上受人尊重的

"体力劳动"，拥有由国家和工会保障的中产生活水准，拥有稳定规范的劳资关系，这样的产业工人在21世纪成了一种濒临灭绝的物种。[24] 晚现代经济提供的工作岗位中只有极少数能够保证与工业化现代的中产阶级差不多富足的生活水准。

　　产业劳动渐失重要性的同时，第三产业在大规模扩张。服务业从业者的比重，在美国，从1960年的47%增长到了2015年的73%，在联邦德国，从1950年的33%上升到了2017年的75%。[25] 21世纪初，第三产业就这样占据了劳动领域的主导地位，而在工业时代，工业生产领域从未得到过这种地位。后工业时代的劳动领域还有两个特征。第一，女性比例更高。工业社会的经济是以男性为主导的，而现在女性从业人数明显增加，这一特征尤其体现在第三产业，同时又因第三产业的扩张而增强。第二，"经济繁荣"年代的一个突出特点是（男性的）全面就业，而在自20世纪80年代以来的晚现代经济中，许多西方国家存在一个由失业者和不充分就业者构成的底层，他们不一定会体现在官方的失业统计数据中。

　　如果我们更仔细地观察塑造后工业劳动世界的第三产业，我们会发现它本身绝不是内部均衡的。"服务业"这个总称是相当具有误导性的，因为后工业化使得两种截然不同，甚至截然相反的工作和职业形式得以扩张：一方面，高学历人群从事的工作明显增加，可以概称为知识性工作。其中包括研发、企业服务（咨询、营销等）、教育和医疗、创意产业、法律和金融、媒体和信息，以及现在还包括数字经济等领域有较高要求的工作。这些后工业经济部门，都有知识型经济的特点。另一方面，所谓的简单服务业也在明显增长，其从业者只需较低学历。比如安保和环卫、餐饮、运输，以及家政方面的服务。总体而言，这构成了一种两极分化的后工业现象。它的

79

80

特点是，劳动社会学家马尔滕·古斯（Maarten Goos）和艾伦·曼宁（Alan Manning）所说的"令人愉悦的工作"（lovely jobs）和"糟糕的工作"（lousy jobs）之间的对立。[26]专业阶层（professional class）的知识性工作，需要高度的智力和沟通能力，有时也需要创造和创新能力，通常需要接受大学教育。而服务阶层（service class）则主要从事重复性的体力劳动，这些工作由所谓低技能劳动者承担；在一些服务类行业里，非传统的雇佣形式（比如没有工会协议的工作、临时工作、兼职工作、短期工作）广泛存在。

81　　促使晚现代社会结构成型的另一个因素是教育普及。自20世纪70年代起，发达国家的（男性和女性）高校毕业生人数显著增加。[27]1950年，只有5%的美国人有大学文凭，如今这个比例是30%（参见图2.2）。在德国，每届大学入学率，从1960年的9%上升到了2012年的51%（见图2.3），而到了2017年，30至35岁年龄组中有近三分之一的人获得了大学文凭。[28]

82

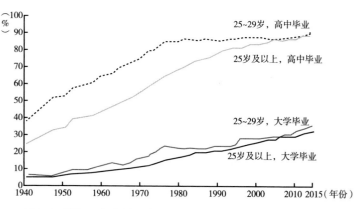

图2.2　美国25岁以上人口中，各年龄段高中毕业和大学毕业人口比例，1940年至2015年[29]

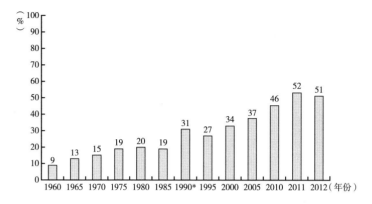

图2.3　联邦德国大学入学率，1960年至2012年[30]

从教育史的角度来看，要把教育的学术化看作一个革命性的转折。这是社会和文化历史上的第一次，接受基本学术教育的人群——这种教育至少持续15年，通常为20年，且一直延续至青春期后期——不再是极少数的职业精英和教育精英，而是一个相当大的群体，拥有正规的文化资本。教育普及和学术化为后工业知识经济提供了受过相应培训的职员。然而，不能忽视的是，这也间接影响了非学术教育的地位。"教育普及"这个概念暗示着这是一个人人都能从中受益的进程。然而，事实恰恰相反：教育普及不是"电梯效应"！当然，在这一点上，不同国家之间存在差异，比如存在职业培训路径（例如德国）或者不存在（例如美国）。然而，总体来看，学术化导致曾经在扁平中产社会代表"标准规格"的中等学历文凭，比如美国高中毕业文凭、德国普通中学毕业文凭（毕业后开始职业学徒期），现在失去了这一地位，也不再代表"社会正常水平"。过去几十年的教育普及就这样导致了教育的两极分化：一极是拥有高等教育文凭的人，另一极是没有得到它的人。[31]

最后，我们来谈一谈导致向晚现代社会结构和生活方式转型的第三个因素：文化价值观的变革。在这方面，20世纪70年代同样是决定性的，用罗纳德·英格尔哈特的话说，这一时期开始了一场"无声革命"。这场革命在抽象层面上表现为，慢慢地让价值取向从遵守义务、接受社会要求，转向发扬自我，并在整体上转向全面的文化自由化。[32]

84 在工业化现代的广大中间阶层中，生活方式（Lebensführung）建立在一系列价值观基础上，包括社会责任、自我约束和社会服务意识（在职场、家庭中，以及作为公民），以及适应社会正常期待、以成功和社会地位为追求目标的自身价值观，还包括在困境中"忍耐"和"坚持"，并在必要时做出"牺牲"的价值观。在1970年之后的几十年里，这个"规纪"式的价值体系失去了效力和吸引力，"发扬个性"（源于浪漫主义时代）成为主流价值观，取代了它。在"无声革命"过程中，人们觉得，按照自己的需求去生活，发展"自我"的愿景和潜力，按照情感所需去塑造自己觉得有意义的生活，是值得追求且理所当然的事。"自我发展"的价值观与创造力、个性／独异性，以及对情感和主观体验的崇尚紧密相关。我们可以说，这是一种朝着"后物质主义"价值观转变的趋势。这种趋势影响了教育的自由化，使人们在消费时更多地注重乐趣和体验；在它的影响下，人们对工作满意度也有了更高的要求。在从20世纪70年代至今成年的人群中，有

85 约三分之一的人明显倾向于后物质主义。[33]仔细观察会发现，后物质主义者的主体，又是那些受过高等教育的人。"自我发展"的价值观，在西方社会广泛影响着各个领域；在大部分人群中，新的"自我发展"价值观与旧有的注重义务的价值观共存，而学者和专业人士则在社会自由化方面发挥了带头作用。

毫无疑问，1968年的学生运动及其随后几年的持续影响力，是推动价值观自由化的决定性力量。此外，经济的转型、富裕国家消费资本主义的出现也以不同的方式起到作用。生活方式的后物质主义化，到底是不是纯粹的富裕效应，对此学界一直在争议。心理学家亚伯拉罕·马斯洛夫（Abraham Maslow）提出，只要基本的安全和物质需求得到满足，"自我发展"价值观就会兴起。[34]不论人们如何解读价值观的变革——是因为文化的内在动力、经济因素，还是因为两者的结合——它都决定性地影响了后工业社会的生活方式。

三阶级社会的"料斗电梯"

后工业经济、教育普及和价值观变革，让西方的扁平中产社会消亡了。取而代之的是一个由新中产、新底层和夹在中间的老中产组成的三分社会结构，最上层还有超级富豪的小上层阶级。晚现代社会结构的变化发生在两个方向上：向上的是从老中产阶级中崛起的新中产阶级，向下的是从老中产阶级中衰落的不稳定无产阶级——我们正处在晚现代的料斗电梯中（见图2.4）。

新中产阶级同时也是一个知识分子阶层，位于上述所有三个经济和文化变革进程的中心，是过去几十年社会发展的推动力量。他们是教育普及和后工业化的承载者，通常在后工业知识型经济领域就业。同时，他们也是与价值观变革相关的自由化进程的主要代表。新中产依然是中产阶级，也就是说，他们与上层阶级有着根本性的区别，上层阶级可以依靠自己（在晚现代不断增加的）财富生活，而他们则要依靠自己的劳动。同时，新中产也在改变着社会对"中产"生活方式的认知标准。

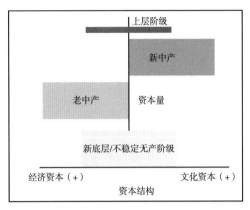

图2.4 晚现代的三阶级结构[35]

另一面，转型进程对另外两大阶层有消极影响。在发达的工业社会，几乎不存在严格意义上的底层阶级。该阶层是在工业经济向后工业经济转型的过程中，随着服务阶层（service class）、低收入行业和不充分就业的出现产生的。不稳定无产阶级同时也是教育失败者群体。这就产生了一种双重效应：后工业化和教育普及在让新中产从老中产阶层中崛起的同时，也导致老中产阶层中的一些人衰落，形成新的不稳定无产阶级。一些人从工业社会的终结中获益匪浅，另一些人则深受其害。

那么老中产阶级呢？乍一看，它似乎没有发生变化。然而，如果周围的阶级体系发生变化，它就不可能维持原样。在工业化现代，这个中产阶级在社会和文化两方面，都可以说是无可替代的，有着无可争议的社会霸权地位。如今它却陷入了一种夹心状态，被"夹在"另外两个新的阶级中间。随着就业结构和教育的转型，老中产阶级可能会以不那么激烈但微妙的方式，逐渐落后于新中产阶级。此外，遵守义务、接受社会要求等他们一直秉持的价值观，也因为文化自由化的进程而失去了合法性。另外，新底层的出现也在向老中产宣示，在晚现代社会，地位下降是一种真实的可能性。

正如本章开头所述，这些社会结构转型无疑首先涉及物质层面。它们还涉及更狭义的社会不平等，即收入和财富差异。众所周知，自20世纪80年代以来，在大多数西方社会，这种不平等现象不断加剧，而且这不仅仅是超级富豪的财富增长所致。上述两个中产阶级与底层之间有明显的收入差距，底层的收入徘徊在贫困线边缘。新中产阶级和老中产阶级之间的差距也涉及物质层面：老中产阶级构成了收入停滞不前的阶层，尽管其收入仍然处于可观的水平；相对而言，新中产阶级的收入增加较多。数据显示：平均而言，有高等教育学历的人的收入高于中等学历的从业者的收入。[36]

然而，最重要的是，中产与底层、新中产与老中产之间的差异，也体现为文化差异。新中产与老中产的根本区别在于文化资本，尤其是教育资本。在生活方式、生活原则、日常实践和价值观的文化模式方面，这三个阶层早已发展出差异。在文化影响力、地位和威望方面，他们也有明显的差异。塑造晚现代社会结构的，除了经济上的升降之外，还有异质生活世界在象征意义上的升值和降值*。这可能会导致文化差异演变成一种极端分化甚至分裂的模式。

新老中产之间的对立带来的后果尤其多样。社会学和各种政治讨论关注新底层问题至少已经有十年了。然而，前中产阶级内部的分裂直到最近才变得显而易见。在美国、英国和法国，关于这一问题的讨论越来越多，而在德国，人们至今仍倾向于避免承认这种分歧，继续坚守全民中产阶级的神话，坚持认为它现在只是遇到了危机。然而，"中产阶级危机"并不存

89

---

　*　译者注：这种价值升降是"象征性的"，意思是说这些价值并不是有形的，比如财产等，而是无形的、声望和影响力等方面的价值。

90 在，因为"那个"中产阶级已不复存在。人们不应该继续无差别地谈论"中产阶层"，而是应该认识到中产阶级分裂成了两个阵营或两个新阶级：新中产阶级和老中产阶级！二者虽然表面上还有一些共同特征——例如相对于上层阶级和新的底层阶级而言，他们的收入处于中等水平，并且热衷于身份投资——但他们的现实生活却大相径庭。

新中产：成功的自我实现和城市全球主义

新中产在文化、经济和政治方面，都是晚现代社会最有影响力的阶层。他们是高素质的阶层，通常拥有大学文凭，并从事知识经济领域的工作。因此，他们可以被视为知识分子阶级。没有新中产阶级，我们就无法理解后工业社会结构在经济、文化和政治上的发展变化。在历史进程中，他们以这种规模和取向成了一个全新的阶级。[37]

正如皮埃尔·布迪厄所说，这个阶级的核心特征是他们丰厚的文化资本，首先是正规教育学历，还包括非正式的能力。他们的经济资本（收入和财产）处于平均水平或之上。总

91 体上，知识分子群体是晚现代经济中收入增长的获益者，但是在这个阶级内部，在收入和财产明显高于平均水平的人（尤其是在特定的跨国业务领域，如信息、医疗或法律）、处于平均水平的人（主要在国家教育机构）和低于平均水平的人（例如在一些创意行业）之间，有着很大的差异。在这种收入差异的背景下，真正塑造新中产生活方式的是其文化资本的质与量。一方面，高度的文化资本决定了该群体特有的工作岗位和内容（上文已提及）。这种"非物质性劳动"［拉扎拉托（Lazzarato）］能提供很高的情感认同，同时也不断地要求取得新的成绩。另一方面，成为文化资本的那些能力与资质，也对新中产的整个生活方式产生影响——从育儿方式到健康理念

和休闲方式，再到政治上的全球主义态度。这一切对新中产男性和女性都适用：性别平等对这种生活方式产生的影响比对其他生活方式的影响更强。

最后，空间属性也很重要：新中产是个城市阶层，集中在大都市区域或几个精致的小城市里（尤其是大学城）。这些城市不光包括广义上的国际都市（如洛杉矶、巴黎、柏林、悉尼等），还有一些中等规模的都市（如西雅图、亚特兰大、格拉斯哥、里昂、斯图加特、赫尔辛基、米兰、珀斯等）。知识经济产业在这里汇聚，新中产在这里决定着社会空间。在小城市或农村，新中产则很少。总体上，超强的地域流动性是新中产的突出特点，这也是他们生活方式的一个重要价值观：这个阶级的成员有一个典型特点，即为了求学而离开家乡，为了工作而更换城市，甚至到另一个国家，而且总是自己决定在哪里生活。

新中产的生活方式，可以总结为追求"成功的自我实现"。[38]他们人生的核心信念，就是发扬个人的愿景和才能，过一种被认为令人满意、有意义、丰富多彩的生活。同时，还要活得成功，即获得较高的社会地位和社会认可。从文化史的角度来看，"成功的自我实现"这个内含双重目标的公式，将过去完全相反的两种人生追求整合在了一起：一种来自浪漫主义，即个人要在自己独一无二的品性中实现自我，在世界上寻找令自己满足的本真体验；从后物质主义的价值转向可以看出这一传统。另一种来自资产阶级的生活宗旨，即要通过教育和成就获得崇高的社会地位。在后现代的新中产阶级中，浪漫的自我实现和资产阶级对教育与成就的兴趣融合在一起。

对实现自我的追求贯穿着新中产的日常生活。人们不再满足于以前扁平中产阶级社会的物质生活标准，而是追求生活质量和"美好生活"。他们在生活的各个方面都致力于提高生活质量：任何事物都不应只是实现目的的工具，一切都应该尽可能地具有本身的价值。例如，职业不应只是谋生手段，而应该是给人满足感且能激发内在动机的活动。伴侣关系也不仅仅是社会成规，而应该是令人满足并充满感情的。饮食不仅是为了充饥，还要符合伦理并/或在美学上具有多样性。孩子不是要了就要了，还要带给父母一些他们不愿错过的体验。教育的目的不仅仅是适应社会，还要发挥天赋，实现追求。居住地不是无关紧要的，而是要有吸引力，例如提供文化、教育、休闲等方面的设施。

新中产的生活方式因此受到独异化和价值化的影响。独异化意味着，构成生活的要素——无论是住所还是朋友圈子，职业还是孩子的学校，甚至是旅行目的地——不应该是标准化和"普通"的，而应该是独特、别致和真实的。价值化意味着，构成生活的要素——不论是饮食、伴侣、瑜伽课还是政治活动——不能只是实现目的的工具，而且应本身具有价值。通过日常生活的独异化和价值化，每个人在自己看来都是独异的、有价值的："我值得对自己这样。"而文化则成了日常生活要经营的核心领域。这里的"文化"不是指资产阶级旧式的高雅文化或教育文化。新中产扩大了文化的概念，将日常生活的方方面面都视为"文化"的（例如烹饪、骑车、旅行），即珍视，并以专业知识和欣赏的心去经营。因此，新中产也是全球超文化最重要的承载者。[39] 他们崇尚文化全球主义，不再拘束于本民族文化——全世界都是他们的"家"。

在新中产阶级中，自我实现、生活质量和日常生活的价值化与对成功和地位的追求融合在一起。这一阶层因而也是一个新资产阶级。对地位和成功的关切往往不会明显体现在这种生活方式中，而是始终存在于背景之中。新中产为自己的社会名望投资，这种投资以不同的资本形式呈现：他们当然也投资于经济资本，但也投资于社会资本（建立跨地区的关系网络就是典型例子），以及个人的身体和心理资本（健身、辅导、冥想），最后还有一点很重要的是，投资于文化资本。因而，对孩子的教育和培养也成了一件非常重要的任务。新中产倡导一种被美国教育学家安妮特·拉鲁（Annette Lareau）称为"协同培养"（concerted cultivation）和"强化型育儿"（intensive parenting）的教育方式[40]：通过丰富多彩的活动，全面调动孩子的天赋，并在选择中小学和大学时，也对孩子抱着相应的期望。除了地位投资之外，对于新中产来说，个体的"自我发展"本身也与社会名望紧密相连。人们不再像在扁平中产社会那样渴望显得正常、符合平均生活水平，而是适当有意无意地展示自己的独特性和吸引力、自己的见识和生活品味。如今，常态的地位已被独异性的声望，被展示"真我"及其吸引力的生活方式所取代。

总体而言，新中产在某种意义上是一个进步的阶层，因为他们认为自己与社会进步是一体的（虽然他们在具体的事情上很有批判性）。这并不奇怪，因为毕竟他们是后工业化、教育普及和自由化这几个转型进程的承载者。这一进步倾向也体现在他们的政治立场上。政治学研究发现，自 20 世纪 90 年代以来，在工业化现代的传统左右翼纷争之外，新出现了"全球主义者"与"社群主义者"（这个概念本身也不是没有问题）之间的对抗局面。[41] 前者主张社会开放，包括经济全球化、身份多元化，以及将移民视为对本国的一种丰富。后者则倾向于调控和秩序，特别是在本国范围内，包括国家的社会和经济政策，以及对本国文化的保护。新中产明显是政治全球主义的代表者。这是一种"新式自由主义"，将经济自由主义和左派自由主义的元素结合在一起。它高度推崇教育和职业成就、贸易自由和经济全球化，同时也注重个人权利、平权和生态保护。

对于全球化的无边界化、文化融合和社会与地理意义上的流动，新中产阶级基本上持积极态度。[42]

这种政治态度，反映出了新中产的社会地位。在更广泛的历史背景下，这个专业阶层可以被视为一个正在"上升"的社会大群体，主要是在文化价值的提升方面。他们从事受到高度认可的职业，生活在流光溢彩的城市中心；他们充分利用了全球文化主义所提供的消费和自我发展机会。人们在自己的生活方式中实现了自 20 世纪 80 年代以来许多社会机构和主导性话语的主导原则，积极参与推动这些原则的实施，在那些不能或不愿遵行这些信条的人面前，他们显得高不可攀：灵活性、流动性、创业精神、创造力、终生学习、国际化、健康意识、时尚感、享受能力、情感能力、宽容、多样化、解放、生态意识等。西方国家在国际社会上的风采减弱，这一点对新中产几乎没有影响。但是，"成功的自我实现"这种生活方式也包含内在矛盾和很高的失落风险。[43]

老中产：定居、秩序、文化防御

老中产，也可以说传统中产，是工业化现代全民中产阶级的直接继承者，继承了其生活原则、日常生活实践、职业和资源。通过这种描述，可以看出他们在晚现代社会阶级中的复杂处境。这个阶层曾经是"一切的准绳"，代表着"中庸和适度"，也即正常和普通。现在，它失去了文化上的主导地位。简而言之：他们身边的社会与世界都发生了巨变，但他们自己几乎没有变。面对新中产的崛起，他们似乎不再代表"中庸和适度"，而只代表"平庸"，并在社会上逐渐落后，在文化、媒体和政治上变得不可见。[44]

老中产主要包括那些拥有中等学历和中等职业地位的人：专业工人、从事办公室工作或服务业的职校学历者、中级公务员、自雇手工业者。他们中的大多数人没有上过大学，而是持有高中毕业证、专业文凭、职业技术高中文凭，或普通中学或实科中学毕业后做过专业学徒。与新中产不同，这个阶层在职业方面没有从经济的后工业化进程中受益，但也没有像新底层那样直接受到损害——至少目前为止是这样。在物质方面，他们仍然相当富裕或至少过得去，收入和财产一般都不低于平均水平（有时会有上下波动）。晚现代的老中产的一个重要特征是其社会地理位置：与聚集在大都市的新中产不同，老中产主要聚集在中小城市或农村地区。通常这也是他们的家乡。老中产是一个定居的社会群体，说得负面一些，是空间流动性小，说得正面一些，是有根基。

　　老中产的生活方式并不以"成功的自我实现"为导向。在晚现代，人们从追求生活水准转向追求生活质量，在生活的方方面面都追求与众不同，这些变化对老中产的影响相对较小。他们认为，社会地位在本质上仍然取决于物质富裕程度。因此，对经济资源的开发进行的地位投资在这种生活方式中起到主要作用。然而，他们并不是彻头彻尾的物质主义者。由自律、秩序和空间及社会根植性组成的价值观构成了这种生活方式的文化框架。老中产要求自己和别人都遵守纪律：在自己的生活中、在教育中、在居住地、在社会上，秩序都是必不可少的条件和价值观。他们理所当然地认为，这样的条件和价值观要求紧密的社会联系和责任感，通常是与那些个体几乎无法主动选择的人产生的联系，也包括对这些人的义务：比如家庭（小家庭或大家族）、自己出生的地方和地区（包括邻里、同事、同学等），他们通常对这些地方保持忠诚。用阿利·霍克希尔德（Arie Hochschild）的话说，老中产是"扎根的自我"的典型。[45]

　　因此，对于传统中产阶级来说，工作、家庭和乡域的价值观是核心。从事工作赋予个体一种道德品质。工作与自我发展或创造力没多大关系，更多的是遵循"必要性"的道德观，是"必须要做的事"，会带来物质上的保障。因为"艰苦"的工作（也部分因为"好的"工作）让人生有了面貌，人们会心生自豪。而对于那些不努力谋生的人，人们是看不起的，比如那些依靠国家救济的人。人们会为"辛苦的"（有时也为"优秀的"）工作感到自豪，这种工作塑造了一种生活方式。因此，人们对那些不为生计工作，而是依赖国家援助的人持较为贬低的态度。老中产的家庭伦理往往基于传统的性别分工模式和家庭成员之间的相互扶持。这一阶层深深扎根乡土，意味着他们的社会关系通常与居住地相关，而当地背景，也就是"家乡"（来自法兰克、北诺曼底、明尼苏达等）常常是个人身份认同的基础之一。在上文提到的政治冲突中，即全球主义者和社群主义者之间的分歧，老中产不出意料地代表了社群主义者的立场。这一立场可能更具保守倾向，也可能更倾向于社会民主主义。在政治上，他们主张维持秩序，支持以民族国家为单位的经济政策和政治政策以及民族文化；他们通常对全球化持怀疑态度。

如前所述，在物质上，老中产的境况其实（仍然）是很好的——尽管各国存在很大的区别。在任何国家，老中产的经济地位都没有上升。然而，比起他们的经济地位，更重要的是，老中产在文化方面陷入了防守状态：他们的生活原则失去了以前的社会主流地位，他们的活跃范围从社会中心转移到了边缘地带。他们在不知不觉地经历多个维度的文化贬值。他们并不一定处于客观糟糕的情况下，而是与过去相比、与新中产相比，他们感到自己的情况显著地恶化，这就是社会学上所称的"相对剥夺"。[46]

空间上的降级也不可低估。老中产通常生活的小城市和农村地区，在西方国家已经失去了经济潜力和文化吸引力。这导致工作岗位、年轻居民和基础设施的流失；一些乡村地区和城市都已荒芜。与经济繁荣、文化昌盛的都市不同，偏远地区眼看要变成"飞越之地"（Flyover-Land），变成空间上的脱钩之地。社会要求人们具有空间流动性，相较之下，老中产扎根乡土的生存方式显得不够格。而在那些尚有一些发展的小城镇地区，人们会产生一种感觉，即这里是一座对抗城市的颓废及其全球主义精英的堡垒。

　　同样重要的是，老中产在教育和职业领域受到的认可也在减少。如果一个社会越来越把大学毕业文凭当作进入中产阶级的敲门砖，那些拥有中等学历的人（虽然完全有可能为自己的学历感到自豪）就会感到自己的名望受到威胁。如果来自大都市、接受过国际化教育的计算机专家或法律专家代表了真正的中产阶级，他们也认为自己就是真正的中产阶级，而且公众也是这么看的，那么来自"外省"的从商人员或手工业师傅该把自己归到哪一类？面对推崇"有吸引力"的工作的新型工作文化，即有趣、多样和灵活的知识经济工作，老中产的职业现实和职业情怀也降了档次：难怪在21世纪10年代的德国，许多职业培训领域遇到了生源不足的问题，而大学却几乎应付不过来大量的学生。[47]在社会普遍崇尚女性独立和就业的理念下，老中产阶级男主外女主内的家庭模式也失去了地位。相应地，性别关系的现代化意味着在工业时代普遍存在的男性因"养家糊口者"身份产生的自信正受到动摇。

　　总的来说，与新中产相比，老中产的生活方式已失去社会影响力。秩序、定居和纪律，这些在工业化现代占主导地位的理念，已经落后了，取而代之的是自主、流动、去除边界这些晚现代新中产们特有的理想。在一个在许多方面推崇独特性和差异的社会中，老中产的文化显得不显眼和具有局限性，缺乏创新力和吸引力。然而，从老中产的角度来看，新中产的文化则是自恋而无根的，老中产认为自己事实上是为众生谋幸福的人，而"其他人"则沉溺于自我实现，在老中产看来，"自我实现"不过是掩盖自私的幕布。新中产将社会转型视为机会，而老中产则认为它威胁了自己的文化影响力和社会地位。在极端的情况下，还会有人觉得自己被骗取了"应得的酬劳"。曾经的主流感觉自己被挤到了一边，对此可能的反应之一就是政治和文化上的抵触情绪。右翼民粹主义批判精英、大都市和全球化，部分老中产是他们最重要的支持者群体。

贫困阶层：挣扎度日，阶级下沉

自 20 世纪 80 年代以来，有相当一部分人口已经脱离了扁平中产社会，形成了一个新的底层阶级，这一点经常被提出。[48] 就各个社会结构中这个阶层的规模而言，不同国家之间存在差异，但它们都有相似的特点。可以说，这是一个贫困阶层，这个阶层缺少生活保障，这一点是结构性原因造成的。这个群体中的一部分人游离于劳动市场之外，靠国家或亲友的救济为生，在社会学上，他们被归为"被排除在外者"或"多余人"。这些人大多生活在去工业化的、产业结构薄弱的地区，比如法国北部、美国中西部，还有德国东部的一些地方。贫困阶层另一个重要的组成部分是所谓的服务业无产者或曰服务阶层。他们集中在大城市，因为那里能提供大量的工作岗位。最后还有一部分人，从事不需要专业知识的工作，或者在一些不稳定的工农业部门工作。[49]

底层阶级的收入普遍低于平均水平，通常接近最低工资水平，社会保障体系薄弱，没有财产。从经济资本的角度来说，他们不再属于中产阶级。他们的文化资本也一样薄弱，在这个阶级聚集了大量所谓"教育水平低"的人。在社会向后工业主义转型的进程中，不稳定无产阶级遭受损失，教育普及在这群人中产生了负面效应，因为有些人没能参与教育普及，成了"教育失败者"。从历史的眼光来看，现在的贫困阶层是曾经的工人阶级的继承者，也就是那个曾经非常庞大的以体力劳动为生的群体。得益于社会民主主义和工会的成功争取，扁平中产社会曾吸纳工人阶级，而晚现代的后工业社会又将这个群体（此时规模已缩小）排挤出去，剥夺了他们的地位、收入和安全。

　　新底层阶级也有自己特有的生活方式。中产阶级的长期地位投资于他们而言是不现实的，而知识分子"成功的自我实现"的想法更是匪夷所思。这个阶级中有一部分人的价值观与老中产接近，对自律和秩序有一定的好感，但总的来说，这个阶级典型的生活方式表现出另外一种模式，清清楚楚地体现了他们的困苦：得过且过（muddling through）。这种贫困生活的核心动机就是对付层出不穷的麻烦，以及各种可能轻易造成生存危机的日常问题（例如疾病、离异、失业、负债、住房问题、上学问题等）。他们不得不只为眼前考虑，长期规划对他们而言是不可能的。贫困阶层生活的艺术在于坚持不懈和巧妙地继续前进。这个阶层认为生活是一场"斗争"，活下去本身就是最大的胜利。在如此低的要求之下，他们朴素的理想是过上相对安稳、没有大麻烦的生活。

　　与工业时代的工人阶级相比，晚现代的新底层阶级在同时经历阶级下沉和文化降值。他们经历阶级下沉是因为劳动的"工具性契约"（Instrumentalitäts-Deal）在后工业的晚现代已不再有效。根据这种不成文的契约，人们从事艰苦、劳累、不怎么体面的体力劳动，作为回报应获得过得去的社会地位（中等收入、社会保障）。这一契约现在已经失效，而新底层则遭受双重损失：在后工业化和教育普及进程中，大多数"体力"劳动已不再属于传统工业领域，它们的报酬不再丰厚，也无法提供稳固的社会保障；因此，"苦累换取地位"在物质层面上就已不再起作用。此外，随着知识经济的兴起和价值观的转变，"有吸引力的工作"的理念开始引领社会，而服务阶层大多从事的重复性劳动，则与此毫不沾边。将工作视为"重活""苦活"的观念已不再得到社会的认可。体力劳动的英雄们——柏林东部可能还有一些纪念碑是为他们而立的，作为工农国家的遗迹，或者在一些谚语里能找到他们的踪迹，比如"我是挖矿工，谁能比我强？"——在晚现代已不再流行。[50]

新底层不仅在经济上"垫底"，文化上也被贬值。体力劳动显然没有知识性工作或交际类工作受尊重，繁重的重复性劳动远不如智力和创新工作受到重视。在社会广泛高学历化的背景下，只有德国普通中学毕业证书或美国高中毕业证书的人明显处于劣势。此外，像底层的饮食方式、他们对待自己身体的方式这些看上去很日常的事，在新中产主导的社会舆论环境中，也是被人看不起的。饮食不健康、不重视养生，都是被批判的对象。在晚现代社会中，男女行为方式之间的严格对立逐渐消解，这让在部分新底层中形成的性别理念——尤其是"真男人""真女人"的理念——受到了巨大的压力。

因此，不难理解，那些从老中产降级为新底层的人将社会和历史都看得非常悲观，或归之于宿命论，与以往工人阶级的自豪感简直天悬地隔。虽然工人阶级直到 20 世纪上半叶也是社会地位较低的阶层，但他们还能形成一种积极的阶级意识，认为自己是社会的根本基础，政治上希望通过改良或革命寻求上升之路。而当今的贫困阶层却被笼罩在悲观的阶级意识中：人们感到自己被社会抛弃。他们有各种方式对付这种境况：对政治漠不关心，社会上独来独往，是一种做法；将希望寄托在通过才华来寻求独特的上升之路——比如年轻人走体育或演艺道路，是另一种做法。还有一种可能性是回到当地的小团体中，回到本地人或移民组成的"平行社会"里，这些社会维护着他们的集体认同感。但也有可能出现"再政治化"的现象，他们要么加入新社会主义左派阵营［比如法国的让－吕克·梅朗雄（Jean-Luc Mélenchon）发起的"不屈法国"（La France insoumise）运动］，要么像部分老中产一样走上民粹主义右翼的道路。可以想见，主张全球化的左翼自由主义和经济自由主义新中产，他们生活的世界和政治的倾向，都与新底层相去甚远。新中产阶级左翼自由主义或经济自由主义的世界主义立场，从生活到政治领域，都与新底层阶级格格不入。

顶层：财富带来的差距

顶层阶级飘浮于一切之上。"超级富豪"——社会上最富有的百分之一（甚至更少）的人——的地位，首先可以从形式上确定。两个中产阶级都靠劳动收入生活，而顶层则依靠他们的（继承或自己挣来的）财产生活。正如托马斯·皮凯蒂等人所明确指出的那样，自20世纪80年代以来，西方（现在也包括俄罗斯等国家）位于财富金字塔最上层的人的私人财产在急剧增长。[51] 顶层阶级与中产阶级（包括新中产）的根本区别，就是经济资本的规模，而不是文化资本的规模。在此，发生了从量到质的重大转变：财富——不论是金融资产还是房地产资本——如此巨大，严格来说，劳动已不再必要。与传统的食利阶层，也就是老顶层阶级相比（现在也还存在），新顶层阶级的特点是：他们依然工作并且非常积极。他们不仅在顶级企业的领导层或董事会任职，还在高端的法务或金融领域的最高层任职；新顶层阶级还包括媒体、电影、体育、艺术或建筑领域备受瞩目的明星，以及数字经济领域领军企业的高收入者。他们的财产有可能部分是继承来的，但主要是巧妙增加巨额劳动收入的结果。这些人受益于晚现代知识和创意经济的"赢者通吃"市场，因为这个市场会给特别成功的人超多的回报。

老顶层过去和现在都倾向于定居，在这一点上与老中产相似，而新顶层的特色则是全球流动。他们是拉尔夫·达伦多夫（Ralf Dahrendorf）所说的"全球阶级"，简历上都有国外经历。[52] 新中产也具有的全球主义意识，在新顶层这里表现得尤为明显。因此，新顶层不再像老顶层那样保守，而是在追求自身经济利益的同时，也提倡"让世界变得更好"的伦理观，这在数字经济巨头（如，盖茨及其公司）、金融市场资本主义巨头（如，巴菲特及其公司）和他们的"解决主义"（Solutionismus）中表现得最为明显。

在文化方面，很多迹象表明，新顶层在某种程度上符合新中产的"成功的自我实现"模式，而且特别强调"成功"这一方面。顶层阶级与中产阶级在财力上的根本区别会影响他们的生活：中产阶级必须辛勤地进行地位投资（也有可能失败），而新顶层则没有这个必要。对于生存所必需的事与物，顶层阶级通常可以保持最大的距离。当然，顶层也会投资（或让别人投资），但他们能有一种"随心所欲"的活法，而不用对未来感到忧虑，这对于新中产来说是无法想象的。因此，顶层可以活得奢华、独特。《墙纸》（*Wallpaper*）、《单片镜》（*Monocle*）、《安邸 AD》（*AD Architectural Digest*）等国际杂志展示全球顶层阶级的豪宅、大城市房产，精选旅游地、餐馆和消费品，充当了一个橱窗，里面摆放着大多数人虽然无法企及却羡慕和向往的生活方式，其影响力也远远超出了超级富豪的狭窄圈子。

横向属性：性别、移民、地域、圈子

我迄今为止所描绘的晚现代社会结构必然是抽象的。我的目标是基于以下原则描绘出一个框架或最基本的结构：尽可能简单，尽可能多角度。接下来，我希望至少能够指出，更细致、更多角度的后续分析可能会朝着哪个方向发展。这些分析会使我前文所描绘的图景更精细，但也不可避免地会使其变得更加复杂。

　　首先可以做的细致分析，是将三阶级社会结构与另外三种重要的社会性区别联系起来：男性与女性；当地人与移民；城市与农村。我认为，我们必须假设，个人的社会地位和生活主要取决于他们属于新中产、老中产还是不稳定无产阶级。如此看来，抛开阶级去谈论男性或女性的社会地位是毫无意义的。在移民问题上也一样。笼统地讨论移民或移民的生活方式是荒谬的，这不仅因为移民这个标签包含了不同的族群，更重要的是因为他们从属的阶级决定了他们的生活方式。[53] 城乡差异的情况有点不一样，因为晚现代的社会结构本身就包含特定的社会空间结构，无法抛开这一结构去理解晚现代社会。最后我还想谈谈三个阶级各自的内部差别，因为细看之下没有一个阶级是均质的。每个阶级都由各种小的社会文化圈子组成，特定圈子抽象的生活方式也以不同的方式呈现。

　　性别。工业化现代向晚现代的转型引起了性别秩序的转变，它与转型进程的三个主要因素——经济的后工业化、教育普及、价值观转型带来的自由化——密切相关。大家都知道这样的事实：虽然各个方面都还存在缺陷，但自 20 世纪 70 年代以来，女性的平等权利在缓慢但持续地进步。女性就业率大幅提高。同时，女性普遍从教育普及过程中受惠：目前，在西方国家的高校毕业生中，女性占多数。[54] 社会价值也发生了转变，无论在职业还是在私人领域，传统性别分工赋予男性的那些特质，如体力、勇气、斗志等，逐渐失去了重要性，而被认为是"女性特征"的沟通能力、情感能力、注重个人魅力获得了声

110

111

望，在女性和男性中都一样。

从这种描述已经能看出，性别角色的转变有一个决定性因素就是阶级。因此，笼统地说晚现代社会中存在"女性的崛起"意义不大；同样，笼统地说存在"男性的危机"也毫无意义。结合晚现代社会的三阶级结构，有以下三种不同的性别秩序。

112　　在新中产阶级中，女性最大程度地受益于后工业化、教育普及和自由化，并积极推动这三者的发展。她们对解放的感受最为强烈。作为大城市中的知识女性，她们得到了在旧工业社会中的大多数女性无法得到的自主权和职业认同。此外，在新的中产阶级中，维护一种平等的伴侣关系和家庭模式（至少在理念上）也很重要。对于新中产男性来说，这意味着女性是职场上的竞争对手，家庭生活成为协商的对象。与此同时，在这个阶级中持自由主义和全球主义观点的男性一般来说都支持合作。因此，从传统的男性角色中解脱出来，无论是在职业还是私人领域，往往被视为选择的扩展，甚至有时被视为解脱，而不是损失。新中产的生活在很多方面基于新资产阶级式的"成功家庭"模式，注重深度育儿，这又给男性（"新型奶爸"）和女性提供了更多的认同感来源。因此，新中产阶级倾向于为其男性和女性成员提供成功实现自我的机会，[55] 但同时也给他们带来这个阶层特有的超负荷风险。

113　　其他两个阶级的性别秩序就完全不同。老中产和新底层经历的阶层下沉和去值，涉及男性和女性两个方面，而且在一定程度上打破了性别秩序。围绕家庭的传统性别角色是老中产的典型特征：传统的男女分工、工作与生活泾渭分明。[56] 现在，这些全都现代化了，老中产的女性成员也比以前自主，就业率更高。不过，人们往往还有一种倾向，即认为新中产所代表的自由化性别秩序的社会主导地位，或多或少是对传统性别观念和家庭观念的贬值。不仅男性这么认为，他们逐渐失去了家庭

"顶梁柱"的地位，甚至持有传统身份认同的女性也这么想：在晚现代社会，单一的家庭主妇或母亲身份已失去威望。在这种情况下，她们有可能将新中产阶级的成功女性看作对自己身份认同的威胁。[57]

在晚现代的底层阶级中，女性和男性的情况又不同。首先不能忽视的一点是，城市中的服务业无产阶级女性比例较高。这似乎标志着"妇女解放"，但这些工作并不能作为机遇带来职业成就感，而只是一些为了养家糊口不得不从事的工作。男人则相反，如果确实存在所谓的"男性的危机"，那它可能存在于新底层。在工业社会的工人阶级中，男性的身份认同通常来自家庭顶梁柱和体力劳动，也部分来自"真汉子"的模型，但现在这些传统男性特征正在消解。男性，尤其是年轻男性对此的反应，可能是一种大男子主义，即对自己性别的刻意宣示。[58]

移民。从战后工业社会到后现代的结构性转变包括大规模移民向发达国家流动。当然，不同国家和地区之间存在明显的，也受历史因素影响的差异，如德国与斯堪的纳维亚国家之间、英法这些前殖民国家与美国这样典型的移民国家之间存在差异。但总体上可以认定，战后工业社会在种族上较为均质，而自20世纪80年代以来移民人口的规模有所增加：西方国家已经变成了移民国家。例如，在德意志联邦共和国，有移民背景的人口从1964年的2%增加到了2015年的21%。[59] 如果要对阶级结构的转变做出实质性的表述，就不能无视移民进程。它是如何反映在社会结构中的呢？

从一开始，就要注意避免一个错误的看法，即三阶级社会只涉及"土生土长"的德国人、英国人、法国人等，而移民是独立于此的群体。事实恰恰相反：移民人口的社会结构也细分为不同的圈子和阶级。决定性的一点是，有移民背景的人群现出的新中产、老中产和新底层之间的区别，与我们前面所描述的别无二致。换个更简单明确的说法：三个阶级从一开始就同时包含移民和非移民。因此，在移民问题上，阶级特征是首要的，种族差别是次要的。

在德国针对（能够成立并可供分析的）"移民圈子"所做的实证调查，也证实了这种社会差异。[60] 结果表明，在移民群体中也存在可以被解释为新中产阶级的圈子。它们由高素质移民组成，大多是生活在城市中的知识分子，在知识产业工作，拥有丰厚的文化资本。[61] 研究指出，这些圈子的成员通常有一种有意识的双重文化自我认知，这与新中产的全球主义和国际主义倾向相吻合。此外，还有一些由非学术背景的移民组成的圈子，属于传统的移民中产阶级，他们以自律、成就、家庭和社会地位为导向，与"本土"的老中产在生活方式上基本相似。在这一群体中，个体本身的种族背景相对次要，人们倾向于融入多数社会。最后，还有一些属于社会底层的移民圈子，成员包括无业者和从事不稳定工作的人。他们往往非常注重传统。在这样的移民底层阶级中，有时会形成所谓的"平行社会"，存在与本土社会隔离的倾向，甚至会出现族裔封闭的情况。

现在可以提出一个假设，即在晚现代社会结构中，本地人与移民之间的关系也遵循三个阶级各自的架构。新中产的情况是这样的：鉴于他们持有全球主义价值观，知识经济中团队成员越来越国际团队化，他们倾向于建立跨区域社交网络，而且本地人自己具有强烈的地区流动性，有时也跨国流动；城市里的高知聚居区也很"国际化"，在这样的背景之下，新中产中的移民和非移民的关系，趋向于社会融合。但这种融合在很大程度上还是局限于本阶级内部（辅之以与移民服务阶层的"接触"），这使得新中产中的当地人总体上对移民持积极态度。

　　老中产那里是另一番情形。他们的生活在很大程度上围绕着家庭，职业也不是为了项目和人际网络，所以这一阶层的当地人和移民大概率各过各的，彼此之间联系较少，尤其在老中产主要生活在小城市，移民则聚集在大城市这样的背景下。同时，正是在这个阶层中，当地人往往对移民持批判态度。至于底层，有很多证据都说明，在这一阶层中，当地人与移民之间的隔离现象最为严重，还经常表现为地位之争。这一阶层的当地人和移民在争夺同样的初级工作，争夺同样的国家救济、福利住房，还普遍为自己贫困的处境争夺所谓"尊重"。因此，双方都会使用一些手段，从文化意义上加强自己一方的身份认同（例如在年轻人群体中）。

　　最后，移民进程还让三阶级社会的结构变得更加复杂。问题在于，前文所指出的老中产和新底层的降值，是否也以同样的方式反映在这两个阶层的移民中。很多例证都表明，在这个问题上情况要复杂得多。因为在老中产和部分新底层的移民群体中，可以观察到社会人类学家鲍里斯·尼斯旺（Boris Nieswand）所称的"移民地位悖论"：[62] 移民的社会地位，在移入国可能（根据该国的标准）是有限的，即中等或低下，但根据其原籍国的标准可能是较高甚至非常高的。这不仅是移民本人的看法，他们留在故国的亲人也是这么看的。这种自我认知在老中产阶层中尤为突出：这一阶层中的本地人往往认为自己被降值了，因为他们失去了过去在社会中的核心地位，而老中产中的移民则认为自己与新兴国家那些追求上进的中产阶级很相似。只要他们不把自己放在一个国家里与人比较，而是放眼全球，用国际化的标准来衡量，就不会将自己看作下降进程中的一部分，而是正相反，他们认为自己处于上升进程中。这一地位悖论在较弱的程度上也适用于底层中的移民。不过，地位悖论在第一代移民中表现得最强，因为他们与故乡仍有直

118

接联系，并生活在这种跨国关系中；对第二代移民的影响则较小，因为他们已经接受了移入国的衡量标准。

119　　城市／农村。晚现代社会结构本身就包含地域问题，这与后工业资本主义的社会地理密不可分。经济两极分化以及随之而来的价值升降逻辑，塑造了这一社会结构，与之相伴的是地域上的两极分化以及由此产生的地域升值和贬值逻辑，这一切不仅发生在地域之间的宏观层面，也发生在城区之间的微观层面。

　　当然，在工业社会，较富裕和较贫穷的地区之间也从来没有实现过完全的社会平等。然而，在西方国家，随着经济的后工业化、教育的普及和价值观的转型，各个地区的经济和居民之间的社会差距正在扩大。后工业化、教育普及和价值观转型都涉及社会空间。我在前文提到过，后工业化在空间上的含义：全球相互连接的大都市，如图卢兹和亚特兰大，慕尼黑和墨尔本，东京和米兰，吸引了知识经济产业的各个分支，这些分支看重的是这些城市的创新环境、高知人才和企业网络。这些城市的服务类工作岗位也随之增多。而另一方面，随着去工业化进程，很多原来的工业化城市和地区都失去了作为经济引擎的地位。教育的普及也同样涉及空间层面：越来越多追求高等教育的人群涌入大学城。如果他们不是城市居民，他们会为此离开自己的家乡，并且出于职业原因很少再回去。这导致了农村的人才流失。价值观的转型也会产生社会空间层面上的影

120　响：追求自我发展的知识分子认为，居住地不是命中注定一成不变的，而是要根据自己的兴趣主动选择。于是，城市之间开始竞相吸引人才，而大城市（截至目前）又因为工作机会多、休闲设施丰富而占了上风。

　　正如社会地理学家艾伦·斯科特（Allen Scott）和克里斯托夫·居鲁伊（Christophe Guilluy）分别对美国和法国进行

细致研究后所指出的那样，这些发展的结果是一种典型的晚现代空间结构，其形式就是大城市与小城市及农村之间不断加强的极化。[63] 当然也有一些繁荣的小城市，比如英格兰南部或德国南部，以及一些以前的工业大都市，比如鲁尔区，在经济上不断地退步。但总体上，城市中心与郊区之间存在不平衡：城市中心吸引了知识经济产业和新中产，而远离大城市的地区则在去工业化进程中失去了经济基础，受过教育的年轻人离开，而定居于此的老中产（及部分底层）留在原地。这些地区有形的社会经济兴衰与抽象层面上的升值及降值相对应，这又加剧了已有的不平衡：大城市在社会上看来显得"有吸引力"，它们代表了新中产的世界主义和多元化价值观。农村和小城镇正在失去社会声望——除了一些大城市居民追捧的度假胜地。其结果是，城市之间也在为吸引力而竞争，这在工业化现代是没有过的。大都市在互相争夺投资、高素质居民和游客。反映在城市规划上就是，城市通过扶持知识经济的产业集群，建设丰富的文化和休闲设施、教育机构、医疗机构以及引人注目的建筑，来提升自身吸引力。本来就很有吸引力的城市因此变得更有吸引力。

如前所述，晚现代社会的各个阶级与这种空间上的区分紧密相关：新中产集中在大城市生活和工作，并塑造着大城市；而（本地的）老中产和（本地的）新底层则集中在农村和小城镇。移民进程使这一模式变得复杂了一些，因为所有社会阶层的移民都集中在大城市。根据其定义，移民具有地理流动性，他们迁移到那些本来就已经有移民社区和（或）能找到工作的地方。这意味着，在大都市不仅生活着有移民背景的新中产，还有大部分有移民背景的老中产及新底层。因此，从经济经构和社会结构来看，大都市具有双重特征：在洛杉矶、巴黎、柏林、美茵河畔法兰克福等大都市，聚集了受过高等教育

121

的新中产（本国的和外国的），以及以移民为主的老中产和新
底层（主要是服务阶层）。[64] 在这些社会群体之间也经常出现
隔离现象：相比于工业时代的城市，在晚现代的大都市里，新
中产（以及顶层）所在的"受欢迎"、有吸引力的居住区和贫
困阶层的"简陋"街区之间（有一些街区被看作"社会问题"
地带）有着更强的空间分隔。[65]

圈子差异。在社会、文化和政治方面，三个阶级自身都
不是均质的。社会学上对阶级的区分通常较为严格和抽象，而
实际社会的现实则更为复杂，具有特殊性、混杂性和异时性。
三加一的阶级模式也许能够厘清当代西方社会的转型和基本
结构，但仔细审视个体的生活方式，就会发现其内在的异质
性。这就是说：新中产、老中产和新底层内部，还有各种小的
社会文化圈子，它们以不同的方式演绎着各个阶级基本的生活
方式。

"阶级"和"圈子"代表了社会文化两个不同的抽象层面。
一个阶级内部的圈子之间也会在生活方式上显示出明显差异，
但这种差异并不像阶级之间的差异那么彻底。在这一点上，三
阶级社会理论可以与社会学上的圈子研究相结合，后者揭示了
当代社会各种生活方式群体的多样性。希努斯研究所（SINUS-
Institut）的 SINUS-Milieus 系列研究在这方面做得特别成功。
根据最新一轮 SINUS 研究，德国有十个不同的圈子（其中一
些还进一步划分为次级圈子）。

对本书来说最重要的是：这张细分的圈子地图，可以用
三个阶级的抽象模式来解释（见图 2.5），反之亦可。如果从
更抽象的角度来评价各个圈子的生活方式和基本价值观，以
及他们所体现出的社会地位，就会发现三个阶级。可以看到，
新中产分为四个小圈子："自由主义知识分子圈子"、"社会
生态圈子"、"注重表现的圈子"以及"猎奇圈子"。这些圈

子都拥有丰厚的文化资本（大部分也拥有丰厚的经济资本）。他们以成功的自我实现和全球主义为根本生活原则，并以不同的有时甚至相互矛盾的方式践行这些原则。因此，新中产的第一个圈子十分注重教育和高雅文化（自由主义知识分子圈），第二个圈子有很强的后物质主义倾向（社会生态圈），第三个圈子与高社会地位和空间流动性与体验式消费和创业精神联系在一起（注重表现圈），第四个圈子主要包括城市里有创意的年轻人（猎奇圈），因而是整个新中产发展过程中引领潮流的圈子。

124

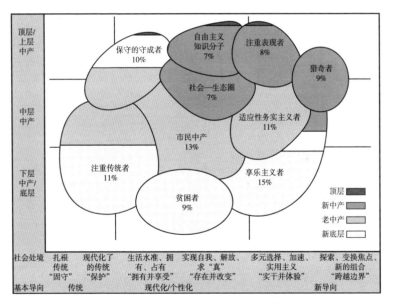

图 2.5　SINUS 研究中的社会文化圈子及其"转译"为三个阶级后的模式，基于德国 2018 年的情况[66]

　　根据圈子研究，老中产内部也存在不同的派别：一个较老、强调义务和秩序、在文化上没有安全感的圈子（"市民中产阶级"），一个稍年轻、务实、享乐主义、没那么多忧虑的

125

圈子（适应性务实主义者），还有一个特别注重成功和社会
地位的保守圈子（保守的守成者）。[67] 新底层的内部结构也
清晰可见：这里有一部分严格意义上的"贫困者"，也有一
些"传统主义者"和"享乐主义者"（即所谓"消费享乐主义
者"）。借助圈子研究，三阶级模式得以细分，并且让人能从
数量上估计各个阶级的强大程度。现在我们看到（也通过历
史比较），晚现代社会发展成了一个三分社会（Drei-Drittel-
Gesellschaft）。[68]

政治极化倾向以及未来社会的景象

126

　　晚现代的社会结构，以高度动态性和冲突性为突出特点，
这种特点不仅存在于西方社会内部，也存在于全球范围内。我
们面对着复杂的状况，社会意义上的上升和下降与文化意义上
的升值和贬值同时进行。除了悬浮于一切之上的顶层阶级之
外，新兴国家正在兴起的中产阶级，以及发达国家的知识新中
产也是这个进程中的赢家。于前者而言，这是一个阶级上升的
进程，即生活水平明显提高、选择明显多样化的过程；于后者
而言，则是一种质的提升，因为新中产已不必再追求生活水
平，转而追求生活质量；在西方，至少到目前为止，他们是文
化上占主导地位的阶级，其价值观和目标对社会的影响最大。
晚现代系列转型中的失落者，一方面是不发达国家的居民，他
们看着新兴国家中产阶级的崛起和西方国家的富庶，自己却
过着没有上升希望的生活。但西方国家也有失落者。对新底
层和老中产来说，工业化现代向晚现代的转型是他们的衰落：
包括新底层在社会上的降级，以及老中产在文化上潜移默化
的贬值。

　　在西方晚现代社会中，随着扁平中产社会新中产的崛起、
贫困阶层的下沉，以及老中产的停滞不前，出现了不同生活方

127

式和自我认知、生活机会和生活感受并存的现象，这在发展完善的工业社会中并不曾如此明显。价值的升和降、对未来的乐观和怀疑都同时发生，自 2010 年以来，这一点也反映在许多西方国家的政治领域。扁平中产社会的消解自 20 世纪 80 年代起就在政治中有所体现，而政治也越来越多地在受到新中产的影响。2010 年右翼民粹的兴起是对此的反拨，从结构上彻底改变了许多西方国家的政治版图。以三阶级模式为背景，可以很好地解释政治上的这种发展变化。

　　主要政党的统治形成了扁平中产社会在政治上的对应物。决定政治走向的是保守派 / 基督教民主派与社会民主派 / 社会主义者两大阵营之间的分歧，1950 至 1970 年，大部分西方国家都以这个模式为主。参考达伦多夫的"房子模型"（参见图2.1）就会发现，在这一时期，社会民主派代表了大部分工人阶级，而保守派的基础则是传统的中产阶级、手工业者和一小部分工人阶级。

　　随着扁平中产社会的销蚀，这一整体结构也渐渐分崩离析。自 20 世纪 80 年代以来，缓慢而持续壮大的新中产阶级主导了社会民主派和保守派的政治议程。政治上极度投入且具有文化影响力的知识分子群体，而且是这一群体的两翼左翼自由主义和新自由主义，所持有的世界主义和全球主义影响了两大党派。中左阵营越来越远离亲工会的老派国家主义学说（例如在德国，格哈德·施罗德领导下的社民党就是如此），中右阵营则日益疏远传统的保守主义（例如安格拉·默克尔领导的基民盟）。此外，因为新中产的壮大，在很多地方产生了新的政党，这些政党极其推崇世界主义价值观。在德国，绿党就是其中最重要的代表。在法国，埃马纽埃尔·马克龙创建的"共和国前进党"是城市知识分子的代表，该党教科书式地体现了左翼自由主义和新自由主义的双重价值取向。

知识中产阶级的壮大对另外两个阶级有何影响呢？萎缩中的老中产阶级最初仍然忠于保守政党和社会民主党，尽管这两个政党都越来越背离老中产的"社群主义"价值观和利益，而且在这些党派内部，这些价值观的作用越来越小。在这一阶层中，那些觉得自身价值下降、被社会疏离的人，尤其在2010年以后成了右翼民粹政党（例如德国的德国选择党和法国的国民联盟等）的支持者，他们以咄咄逼人的态度反对自由派的世界主义。大部分新底层没有政治偏好，就算有，目前也倾向于右翼民粹或新社会主义左派（在德国是左翼党，在法国是让－吕克·梅朗雄的"不屈法国"党）。

目前，三个阶级的"料斗电梯"效应在多数西方国家显而易见。在没有通过巩固两党制的选举法加以牵制的地区（最典型的是美国），政党体系开始分化。这种分化逐渐从社会民主派和保守派之间的对立转变为新中产的自由派世界主义（例如绿党或"共和国前进党"）和代表部分不满现状的老中产的右翼民粹主义之间的对立，这二者之间的两极分化。[69]而昔日的主要政党则在衰退。

在整个西欧，社会民主党和保守党衰落的原因都相同，可以归结为社会结构的变化。首先，在老中产阶级中，曾经忠诚的选民群体普遍明显减少。其次，在以前的主要党派看来，新中产是不可靠的，也许可以暂时得到他们的支持，但他们毕竟拥有更吸引他们、更符合他们需要的自由主义－世界主义这一选项。最后，曾经同情主要政党如今则与之疏远的人，正在被吸引到右翼民粹派和新社会主义左派。因此，社会民主党和保守党陷入了一个难以承受的政治困境：如果过于朝着自由主义－世界主义方向发展，就有可能会失去左右两翼的支持，并得罪更多传统中产阶级的忠实选民。如果为了稳住忠实选民而进一步加强民族主义－社群主义政策，则有可能彻底激怒新中产阶级。法国目前的情况，就体现了政党体系将来可能发展的一种走向：政治格局受到由"共和国前进党"代表的新中产阶级的自由主义 - 世界主义和由"国民联盟"代表的被疏离的老中产阶级的右翼民粹主义之间的新对立的影响，而传统的社会主义者和保守派则被挤到了边缘。法国的政党体系显然已经适应了新的社会结构。[70]

西方国家的阶级结构将如何发展？当然，社会学很难做出预测，但至少能够描绘未来景象的大致轮廓。其中哪种景象能成为现实，取决于经济（重要的着眼点在于数字化和人口发展的影响）、政治和文化的发展变化。有三种可能的情形：教育水平高、低两个人群之间的社会结构二元对立变得尖锐，同时（老的）中产阶级消失；大部分人社会地位下降，即广泛的贫困化；通过重建一个新的中产社会达到"向上趋同"。

在第一种情境中，过去近几十年的趋势将继续下去：老中产慢慢消失，新中产（知识经济中受过高等教育的人）和新贫困阶级（服务阶层）继续扩大，并占据主导地位，形成一个明显的"沙漏结构"，即上下两头大，中间基本上是空的。这种发展路径的核心机制是，一部分老中产阶级在几代人之后，通过接受教育上升成为新中产阶级，而那些做不到这一点的人，由于传统例行工作的减少，只能进入服务阶层。在这种情景下，职业的极化，以及随之而来的社会结构、文化和政治的极化都会更加尖锐。

在第二种情境中，大部分新中产与老中产一同被卷入下行旋涡。这导致西方国家——也许与崛起的东亚、南亚国家相反——成为"下行社会"。造成这种普遍贫困化的原因，有可能正是当前劳动社会学的一些悲观预测所说的：数字化造成的就业岗位急剧缩减。如果类似的技术自动化风潮不仅波及老中产，而且大规模波及新中产，而别处也没有新的工作岗位出

131

132

现，那么大部分人会经历一种社会"向下趋同"。在这种情况下，高素质人才的自由主义 - 世界主义文化只能靠顶层的一小撮人维持下去。这个贫困化进程有可能因为教育的普及而加剧：教育普及会降低高等教育的价值，于是，将来会有比现在更多的高知成为失意者。这样一个下行社会的政治影响，是极难预料的。

第三种情境则恰好相反：贫困阶层萎缩，老中产稳固，新中产继续壮大。在这种情境下，底层得以融入，两个中产阶级达成历史性和解。这一进程的推动力，一方面可能是人口的发展，特别是在欧洲：过去几十年的低生育率造成劳动力短缺，这可能让服务阶层和传统中产的许多工作显得比以前更具社会价值。这不仅涉及物质方面，也意味着社会地位的上升。国家政策相应的范式转变也可能有助于这种发展，即尝试让底层"脱贫"，并且通过调和新中产的世界主义和老中产的社群主义，来回击右翼民粹主义。在这种情况下，政策的范式转型应该朝着"内嵌式自由主义"，朝着更加进步或更加保守的方向发展，超越新自由主义和左翼自由主义并存的阶段。[71] 就这种发展路径而言，在未来的政治体系中，保守派和社会民主派可能会重新扮演重要角色。

当然，这三种极端情境并不互相排斥，在西方各个民族国家可能会发展出各种不同的版本。而且，影响社会结构的还有文化因素，它比未来的经济和技术走向和政治走向更难预测。在未来，个人的"自我发展"将具有怎样的重要性？生态可持续性又将处于什么地位？生活水平和物质收入有多重要？自由派和民粹主义者之间，会不会有更尖锐的意识形态斗争？城市是否仍比农村优越？是会形成一种长期存在的怨恨文化，无论是自上而下还是自下而上，还是降值问题会随着世代更迭而消失？是否会形成新的身份认同或后传统的社群？后工业社会结构与社会价值观的变化密切相关，即社会上哪种生活方式被认为具有吸引力、值得追求和令人向往。这些不同的价值观将来会表现成什么样，哪种会占据文化上的主导地位，是无法把握或预言的。

第三章　超越工业化社会：极化的后工业主义和认知－文化资本主义

晚现代的经济基础是什么？自 20 世纪 80 年代以来，西方以及全球资本主义在哪些方面经历了深刻的结构变革？这一变革的起因和结果是什么？不必借助简单的基础上层结构模型就能认识到，如果没有彻底看透产品、劳动形式和消费形式以及整体资本主义体系的转变，就不能理解西方国家的深刻变革。

然而，要对我们目前所处的后工业经济有这样的认识，首先要摒弃一些司空见惯的解读模式和陈词滥调。这同样适用于社会学。在 20 世纪初，社会学作为工业化现代的一门科学，作为一门研究工业化造成的"社会问题"的学科而形成，如今常常难以摆脱工业社会的范畴。媒体也同样如此，它们仍然经常谈论西方"工业国家"，更愿意关注老牌工业企业的新闻。还有政治辩论，社会民主党人仍不时畅想技术工人们团结在工会的领导下，保守派则对老中产阶级的理想念念不忘——这两种情况都有些怀旧的味道。工业化现代的诸多图景和概念似乎 深深扎根于西方文化和政治的潜意识中——特朗普的讲话就触及了这种潜意识，当唐纳德·特朗普在当选后要将"锈带"重新变成工业重镇，并通过这种方式让美国的经济恢复到以前的辉煌时期时，他巧妙地触及了这种潜意识。

工业现代性的思维模式和图像的坚韧有其合理的原因，就存在于现代化的历史中。事实上，在长达两百年的时间里，现代化一直等同于工业化。我们所说的"现代社会"，在 18 世纪诞生于欧洲和北美，与工业革命密不可分，而工业革命又扫除了农业社会。1776 年，经济学家亚当·斯密在《国富论》中首次描述了这一深刻的变革。[1]19 世纪，通过新技术的发明、农业人口的转移，以及在新工厂中实现的劳动分工和高效生产组织，工业生产逐步成为欧洲和北美现代化社会的核心。它最重要的标志包括产品生产的标准化、劳动分工、城市化，以及由社会主义运动和产业工人阶级发起的新的政治斗争。如今，人们很容易忘记，工业社会取代农业社会的进程，也长达一个半世纪之久。卡尔·马克思，资本主义工业化社会伟大的理论家，[2] 在 19 世纪中叶流亡伦敦期间，也听到有人说，他关注的只是一种边缘现象——因为在他的时代，大多数英国人还在务农或当帮佣，而曼彻斯特和其他地方的工业无产者只占少数！

137

　　工业经济全面占据主导地位，实际上是在 1945 年之后。发达工业社会的时代始于此时。工会的影响力达至顶点，大规模生产伴随着大规模消费，工人和职员普遍处于"正常的劳动关系"中，即全职、无期限、通常在一家企业长期工作。恰恰是在这个"辉煌三十年"［让·富拉斯蒂耶（Jean Fourastié）］时期，[3] 资本主义经济和东欧"真实的社会主义"计划经济（realsozialistische Planwirtschaft）同时并存，并绝非历史巧合。尽管在两种制度之间存在竞争，但它们实际上是高度发达的工业经济的两个版本。工业化现代的这种现实状况与至今仍然存在的文化观念是一致的：艰苦、"诚实"、主要由男人承担的体力劳动，众多员工在超大型企业里从事着例行工作；以工业厂房为核心的诚实；在大型企业中由大量员工从事的例行工作（查理·卓别林的《摩登时代》和比利·怀尔德的《公寓》都里程碑式地呈现了这些场景）；劳动斗争和工人的团结；大规模生产实用产品的经济，投入大量能源，以尽可能低廉的价格生产产品，从机器到刷牙杯，应有尽有。

138

　　但那个时代已经过去了。早在 20 世纪 70 年代，传统的工业社会就开始衰退，在 90 年代加速消解。对于这一进程，鲁茨·拉斐尔（Lutz Raphael）在他的作品《煤钢之后》（*Jenseits von Kohle und Stahl*）中，从社会史学家的视角做了生动的描述。⁴随着传统工业经济的消失，整个社会、城市、政治和身份，都发生了彻底的结构性变革，只不过如今这种变革明显比 19 世纪的变革快得多，仅仅在一代人的时间内就发生了。数据很清楚：西方国家的从业者只有一小部分还在工业领域工作，即从事物质产品的生产和加工，其对社会富裕的贡献即使还有，也已经大大缩水。这当然对社会构成挑战。200年的工业社会（只有 30 年辉煌时期），仅仅三代人的时间，在人类历史上不过是一眨眼的工夫，然而在这段时间里，人们接受了这样一种观念，即工业现代化代表着社会进步的巅峰。然而，这个阶段也已经走到了尽头，而后工业现代对哪些群体在多大程度上是一种进步，抑或是一种倒退，仍没有答案。

在工业经济之后，哪种经济结构会占据主导地位？"后工业主义"这个概念（我也使用这一临时术语）背后，到底隐藏着什么？尽管自 20 世纪 80 年代以来，社会科学和经济学领域就已经出现了一系列有启发意义的尝试，想要从各个方面解析后工业经济，但这个问题依然不好回答。"后福特主义"这个概念被用来指代更加灵活的生产方式；主要由彼得·德鲁克（Peter Drucker）和丹尼尔·贝尔（Daniel Bell）提出的"服务型社会"和"知识型社会"理论，以及"体验经济"，强调的是后工业经济结构的其他方面。⁵*其他学者，如颜·穆列－博唐（Yann Moulier-Boutang）提出了"认知资本主义"这一概念；⁶尼格尔·斯里夫特（Nigel Thrift）和卢克·波尔坦斯基（Luc Boltanski）则阐述了"文化资本主义"的要素。⁷在 2008 年经济危机之后，有学者勾勒了晚现代"金融资本主

---

* 译者注："服务型社会"和"知识型社会"在不同语境下有不同的含义，望读者留意区分。此处是指，社会的驱动性产业或主要产业是"服务业"或"知识性工作"。

义"的架构；近年来，又有尼克·斯尔尼塞克等学者，阐述了
"数字资本主义"的特征。[8]对后工业转型的评价也不一而足。
让·富拉斯蒂耶在其论著中首次（不无道理地）提出，这一
转型是"20世纪的巨大希望"。[9]在他看来，转型后的社会将
摆脱艰苦的体力劳动，并通过知识型工作和自动化让人们过上
优越的生活。除了这样乐观的看法之外，还有一些学者对晚现
代经济持更为怀疑的态度。去工业化、贫困化，以及失业率飙
升，是他们的关键词。

　　尽管这些关于后工业经济的分析和理论可能都有自己的道
理，但在我看来，它们都没有着眼整体。毫无疑问，全球晚现
代经济的核心仍然是资本主义经济；它依然遵循着资本主义一
贯的结构原则，甚至在工业化现代也是如此。晚现代资本主义
和整个晚现代经济有两个新特点：首先，它是一种极化的后工
业主义，其次，它的核心是认知 - 文化资本主义。接下来，我
将详细讨论这两个特点。"知识社会"论者对全局的乐观主义
态度和"去工业化"和"贫困化"论者总体上的悲观态度，我
都不赞成；我认为重要的是认清后工业经济的本质特征：它是
一种两极分化的后工业主义，在劳动力结构中得到了明显的体
现。一方面，产业工人和传统的白领工作在减少，另一方面，
受过高等教育的人群以及知识型劳动在增长，教育水平低的人
群以及他们所在的"服务阶层"也同时在壮大。

　　货物和商品在后工业经济框架内发生的结构转型，使整个
情况变得更加复杂。后工业经济的核心可以看作是认知资本主
义和文化资本主义的结合。商品的认知和文化属性决定了晚现
代经济的非物质性，这种非物质性也体现在实体产品上，比如
平板电脑、高科技药品、运动鞋、料理台等。[10]这种经济之所
以是认知型经济，是因为自20世纪90年代以来，其大部分
投资和资本不再由机器构成，而是由经济学家所称的无形资产

140

141

（intagible assets）构成，即专利、著作权、人力资源、网络、数据库。因此，投入这些货物中的直接劳动或间接劳动在很大程度上是知识型工作，从教育到研发，从组织管理到设计和营销，都包括在内。所生产的产品不论是物质的还是非物质的，都带有认知商品的特点。这种资本主义也是文化型的，因为在认知商品中，那些不仅仅具有功能性实用价值，而且消费者期望它们具有文化价值和文化独特性（独异性）的商品尤其重要：体验式旅行、网飞电视剧、品牌时装、有机食品，甚至位置优越的居所，诸如此类不一而足。在文化资本主义语境下，一种产品要想在市场上获得成功，就必须在单纯的功能性之外，还具有某种象征价值，比如独特性、排他性、可靠性等。换言之：它必须成为文化商品。

142

这就是说，认知 - 文化资本主义的商品市场与昔日工业经济的商品市场有着不同的结构，值得仔细分析。认知 - 文化商品为晚现代资本主义带来的货币收益主要取决于它们的无形资本和知识工作的特性，包括可扩展性（即可以低成本复制）以及消费者在其中看到的文化和"想象中的"价值。关键在于：认知 - 文化资本主义倾向于创造所谓"赢者通吃"或"赢者多吃"的市场，一边是高利润商品（无论是医药、房地产、数字经济、艺术品市场，还是食品市场），另一边是众多不成功的商品。因此，认知 - 文化资本主义的财富生产条件是具有极端性的。晚现代资本主义的非物质性、认知和文化特性变得越来越强，但这并不意味着它变得更"柔软"了。相反，与以往的时期相比，它变得更加坚硬、竞争更加激烈、扩张性更强，并更有力地推动形成市场赢家和市场输家两两相对的格局。最后，它还推动了整个社会发生深刻的经济化，这一进程越来越多地塑造着晚现代的生活世界，非商业领域亦莫能外。

福特主义工业的兴衰

要理解认知－文化资本主义的兴起，我们必须回顾历史，否则做出的判断或解读就会失于轻率。经济周期的兴衰、繁荣与危机、经济泡沫的鼓胀和破裂，以及新技术的自动化效应，都是现代资本主义自诞生以来的几个代表性特征。因此，只谈论衰退，金融危机或数字化造成的失业问题，并不能充分解释长期的演变过程。

欧洲作为资本主义的发源地，其经济史可以大致划分为三个阶段：第一个阶段是静态农业经济与商业资本主义长期并存的时期，第二个阶段是工业化现代时期，第三阶段是后工业化、认知－文化资本主义时期。[11] 从中世纪到 18 世纪，欧洲在经济上主要还是静态的农业社会。因此，在 1800 年前后，欧洲国家 70% 至 95% 的人口从事农业劳动。农业经济受到稀缺性问题的支配，在很大程度上是一种自给自足的经济，增长有限。然而，自中世纪晚期以来，商业资本主义这种经济形式就与农业同时存在。它集中在欧洲的一些城市，主要从事奢侈品交易，这种贸易催生了密集且分支众多的早期资本主义供应 体系，包括贸易公司、股份公司、银行、信贷机构，以及后来的证券交易所。

从 18 世纪末开始，工业革命将农业社会推向了工业化现代，先是在欧洲，不久后也蔓延到了北美。技术的进步使农业迅速实现了合理化，并建立了专门生产消费品和投资品的工厂，采用劳动分工的组织模式；新的交通技术和电气化进一步推动了生产力的增长和商品的生产。正如尼古拉·康德拉季耶夫（Nikolai Kontratieff）和约瑟夫·熊彼特（Joseph Schumpeter）各自以不同的方式指出的那样，在 1790 至 1950 年，一系列技术推动力不断给这种工业资本主义注入动力，这些技术创新包括蒸汽机和纺织厂的机械化，铁路和电报，电气技术和重工业，以及大众消费品的生产，汽车行业是其典型范例。[12] 工业资本主义发展成了一个充满活力、不断发展的物质产品生产体系。与商业资本主义不同，它立足于工厂体系、生产力的提高和劳动力投入的合理化。19 世纪，城市化规模和产业工人的数量，随之呈现指数级增长。

145　　自 20 世纪初以来，工业化现代在经济上的成熟形式表现为一套体系，可称之为福特主义。[13] 1945 年以后，在西方，这一体系在政治上被纳入了凯恩斯主义富裕社会的框架之内。福特主义以亨利·福特命名，以大规模生产和大规模消费这一双重结构为基础。在这种体系下，大规模生产标准化商品需要高度发达的机器，以及极度的劳动分工，通常涉及手工和体力劳动。工厂主要采取泰勒制管理方式（以弗雷德里克·温斯洛·泰勒命名，科学管理理论的发明者），为了提高效率，这种管理方式让各个劳动步骤极度专门化，连没有受过训练的工人都能胜任。福特主义的典型代表是等级森严、资本投入高的大型企业，其中不乏股份公司的形式。最重要的一点是，自 20 世纪 20 年代以来在北美，以及自 1945 年以来在西欧，广大的老百姓也分享了富裕，这与工业化早期工人的大规模贫困不同。工业经济由大众消费来维持；生产商品的劳动者也是主要消费者，而大规模生产的前提就是这种大众消费。大众消费自有一套高度标准化的形式，主要针对在 20 世纪 50 年代至 70 年代西方中产阶级所特有的功能性产品：房子、汽车、年假等。

　　在"辉煌三十年"时期，经济增长速度和普遍富裕的程度

146　都很高：自 1950 年至 1973 年，西德的经济年均增长近 6%，所有制成品和服务产品的价值都涨了两倍。工业领域（即第二产业）从业者人数在 1960 年前后达到近 50% 的峰值，实现了

充分就业。在这一时期，工业对整个社会财富的贡献也非常巨大，大约为53%（参见图3.2）。国家通过积极的经济政策和社会政策（有一些也遵循约翰·梅纳德·凯恩斯的宏观经济原则）给予工业资本主义支持，同时，各国强大的工会也给予了支持。在1944年布雷顿森林会议之后，黄金与美元挂钩，通过各国货币与锚定货币美元之间的固定汇率，国家之间、各种货币之间的关系得以调整，同时创立了国际货币基金组织和世界银行。

工业驱动下的经济在20世纪70年代初陷入了一场根本性的结构危机，一直延续到1973年的经济衰退之后（石油危机、失业率上升）。[14] 在短短几十年间，工业经济转而变成了后工业经济。直到今天，人们才意识到这次结构性变革的规模（见图3.1）。整个西方社会工业领域的从业者比例，自20世纪70年代起大幅减少。在德意志联邦共和国，这一比例从1960年的48%降到了2017年的24%；在美国，从1960年的50%降到了2015年的26%。[15] 工业占国内生产总值的比例也是一样，2017年，这个比例在德国只有31%（1961年一度为54%），在美国是17%（1942年是41%）。[16] 在西方的一些地区——美国中西部、英格兰北部、法国北部、比利时的瓦隆地区、德国鲁尔区、德国东部的部分地区——出现了真正的去工业化现象。与此同时，第三产业，即各种服务业，迅速发展起来。截至2017年，75%的德国从业者在这一产业工作，其在国内生产总值中所占的份额为68%。在美国，2013年有73%的从业者在第三产业工作，其在国内生产总值中所占的份额为82%。

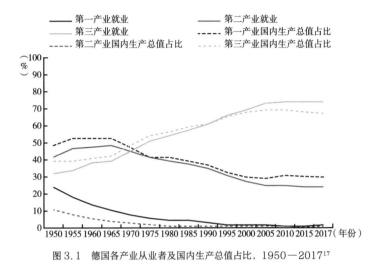

图 3.1　德国各产业从业者及国内生产总值占比，1950—2017[17]

　　西方经济经历了从古老的农业经济到工业经济再到第三产业新型经济这种教科书式的发展历程。在这一背景下必须指出，这是社会学家正确预测的罕见情况之一。早在 1949 年，让·富拉斯蒂耶就基于当时最新的一次变革预言了这一发展模式。1973 年，当这种发展正在进行时，丹尼尔·贝尔再次强化了这一预测。[18] 然而，富拉斯蒂耶和贝尔都没能认清后工业主义的矛盾本质。这在一定程度上只能在回顾历史时实现，只有在回顾过去时，才能锁定变革的原因、机制和条件因素。那么，福特主义工业体系为什么逐渐衰落呢？

饱和危机

　　众所周知，资本主义经济体制有一种增长逻辑，在西方，这一逻辑由三个元素组成：追求利润、利润的再投资，以及由此实现的经济活动扩张。在这个系统内部，有一系列确保并提高利润率的做法和战略，包括生产合理化（如通过自动化）、增加劳动压力、全面降低薪酬或引入新的激励机制、将（部

分）生产线转移到"低成本国家"（或"低成本地区"）、鼓励
创新、在全球寻找新市场、研发新产品以催生新需求、通过垄
断或品牌来确保某种价格水平，以及通过金融操作为企业带来
增长。尽管在工业经济向后工业经济转型期间，所有这些策略
都发挥了作用，但仍可以将 20 世纪 70 年代以来工业化社会的
结构性危机理解为生产率危机与饱和危机的交汇点。通过回顾
可以看出，后工业认知 - 文化资本主义是为什么以及如何成为
摆脱这一双重困境的出路的。

先说饱和危机：这一点涉及经济的需求侧和消费侧。"辉
煌三十年"末期，工业现代化满足了扁平中产社会对标准化功
能性产品（装修精良的房子 / 公寓、汽车、电器、基本医疗、
大型旅行团）的需求，也就是说工业化现代能提供的基本舒适
已实现。当这种基本舒适已经实现，对功能性产品的需求已经
得到满足时，追求不断增长的经济该做什么呢？如果想要进一
步扩张，它就必须超越现有的功能性大众消费品领域。这正是
自 20 世纪 70 年代所发生的事。

150

于是就有了认知 - 文化经济更复杂、更多样化的商品。如
前所述，这些商品不仅是为了满足基本需求，它们还在文化、
心理、体验、认知技能、情感、身份，以及象征地位方面提
供更多的价值。与大众消费的功能性商品不同，对这些"非物
质"商品的渴求并不会饱和，而是会不断扩大，因此，这些商
品比功能性商品具有更大的发展潜力。此外，生产认知 - 文
化产品的企业自身，越来越多地要求其他公司提供复杂的业
务，而不仅是原材料和机器：信息技术支持、设计、营销、法
律咨询、管理咨询，等等。因此，认知 - 文化产品的扩张又能
创造新的需求链，不仅个人消费者，连企业也作为需求者参与
其中。

复杂的认知 - 文化商品的传播要求消费者需求相应的变

化（当然，资本主义也一直在刺激这些需求）。这场消费者革命早在 20 世纪 70 年代就发生了。对于那些为所有人提供相同效益（和地位）的标准化功能性商品的需求，逐渐被对那些在上述意义上产生非物质作用的商品的需求所取代、补充或排挤。这些商品可以通过提供令人难忘的体验、讲述令人印象深刻的故事、给个人或一个集体以身份认同、让人受到启发或感到幸福、发挥美学或道德价值、承诺稀缺性及独特性等方式提供非物质价值。[19] 消费者曾经的目标是通过消费达到一种生活水准，现在他们则普遍希望，自己购买的产品能够提高生活质量。因此，人们对教育和健康、媒体和娱乐，以及对消费品差异化、可消费服务以及活动（如旅游业）的需求越来越大。同样始于 70 年代的"自我实现"革命是这一消费革命的重要前提。"遵守义务""适应社会"这些小资产阶级所追求的价值，曾主导 20 世纪 50 至 60 年代的扁平中产社会，只允许在社会一般水平上进行非常适度的消费，而在"自我实现"革命中，这些价值观渐渐被淘汰，取代它们的是注重生活质量、自我实现、享受生活、尽情体验、求新猎奇，以及在生活方式上追求审美，强调道德的价值观。价值观的这种转向，最初是由受过高等教育、生活在城市中（收入和财产一般都高于平均水平）的新中产阶级引领的，后来逐渐影响了其他阶级。[20] 在 20 世纪 50 至 60 年代的简单消费社会盛行的是标准化功能性大众产品，这一社会阶段被证明只是通往全面发展的消费社会的一个插曲，其消费者追求的是差异化的、具有独异性的产品。在全面发展的消费社会，人们对象征性的社会地位有了更高的要求，"与你的富裕邻居保持同样的生活"这种老模式，也不再是高收入新中产的追求，他们要的是独特性和稀缺性。

同时，提供复杂认知－文化产品的企业和机构，在某种程度上也承载着他们自己版本的"消费者革命"，这涉及他们自己对产品和服务的消费。后福特主义时代的企业，不再是等级森严的大企业，像大战舰一样，按照标准化的路径，依照大企业的组织方式，尽可能高效地实现最大产出；相反，它们越来越多地在非常多变、极不可测的全球市场上运作。后福特主义时代的企业需要高素质员工，需要与其他企业或公众建立网络，还需要与私人消费者保持持续的联系，并满足消费者的需求。因此，他们非常需要专业知识，这是他们在市场上的需求。福特主义工业企业有自己标准化的"需求"（实惠的原料、好用的交通工具、靠谱的劳动力），而晚现代经济中的企业则发展出了一套自己对认知服务的需求，这些服务由专门的企业满足，包括市场营销、员工培训、法律咨询等。[21]

153

生产危机与极化的后工业主义

传统工业资本主义的危机并不单是需求侧的饱和危机，它还是生产力、创新力和劳动组织的停滞危机。因为福特式生产在技术方面和组织方面的可能性都已枯竭，利润率的增长受到了抑制。向后福特式资本主义的全面转型就是对此的回应，它始自 20 世纪 70 年代，于 90 年代加剧。这一转型包含多个维度，但起关键作用的一直都是计算机和互联网技术。康德拉季耶夫和熊彼特预言的四项技术革命，自 18 世纪起就多次推动和塑造了现代经济，而现在随着数字化革命，开始了第五次技术革命（见图 3.2）。然而，数字革命并不仅仅是将持续两个世纪的工业生产进一步完善的过程，它实际上是推动工业生产向后工业彻底变革的重要动力。

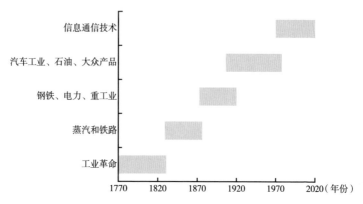

图3.2 自1770年以来的技术革命（自制图，参考卡洛塔·佩雷斯）[22]

154 　　计算机化和数字化首先意味着自动化，在21世纪初，其潜力尚未被完全激发出来。自动化又意味着用智能机器的劳动取代例行劳动。因此，劳动者一侧的去工业化也是一种高度自动化的结果。这也证实了富拉斯蒂耶关于后工业主义的论断：如果工业企业继续存在，那么它们现在需要远远少于以前的人工劳动力。连一些传统的服务业，比如管理和文秘工作，也面临着自动化的压力。与此同时，新的信息技术也让企业更容易

155 协调分处不同地方的生产劳动。自不发达国家开放各自市场以来，在西方企业的大力推动下，全球生产网络铺展开来，新型信息技术为此提供了基础设施。这些全球生产网络和自动化一样，都是提高盈利能力的重要手段：生产企业向土地和人工成本明显低廉的国家和地区转移，并在那里推动工业化进程，而与生产紧密相关的认知工作——创新研发和产品设计、市场营销和销售——则通过数字通信技术留在了发达国家。笼统地说，发达国家的去工业化与后工业化，是不发达国家工业化的结果之一。[23]

　　自20世纪80年代以来，可以看到许多西方企业走上了

知识型劳动和持续创新的路子，这也是对生产力危机的一种回应。信息技术作为一种创新技术在这方面同样提供了基础设施。用迈克尔·皮奥雷（Michael Piore）和查尔斯·萨贝尔（Charles Sabel）的话说，我们面对的不再是福特式的"规模经济"，即在较长时间段内，大批量生产同样的产品，而是"速度经济"，为特定消费群体不断地快速研发出新产品这一目标决定其节奏。[24] 在后福特主义企业中，持续创新成了一项核心任务，而且不仅限于物质性产品的创新，还包括新型服务、新型媒体形式，以及新的使用方式，还包括创造（围绕产品的）故事、道德价值、美学氛围，甚至创造出完整的品牌世界。劳动形式和管理形式也要配合创新这个首要任务。正如穆里奇奥·拉扎拉托（Maurizio Lazzarato）所说，后工业时代的工作完全依赖于"创造的力量"。[25] 因此，这种经济几乎不再需要体力上强健的劳动者，而更需要认知灵活的劳动者；而知识劳动的普及需要大量受过高等教育的人，他们要有能力提供所需的创新，并且需要新型劳动组织方式，将森严的等级制度和极度细化的分工，改变为项目式工作和（企业之间、员工之间的）合作网络。[26]

　　另有一个发展进程，可以视作对福特主义增长危机的回应。它与上文所谈的创新型知识经济相背而行，只发生在第三产业。笔者指的是运输、建筑维护、物流、家政、安保、老幼照护、餐饮等所谓简单服务业的增长。这一领域的从业者主要是教育程度较低的人群，出于两个原因，这一领域在后工业经济中也有增长潜力：首先，消费革命与知识性劳动的兴起都强化了对此类服务的需求。说得准确一些，认知 - 文化资本主义的核心产业，如旅游业，需要这些简单服务（餐饮、酒店等），灵活多变的消费习惯也需要这些服务（例如运输服务）。此外，忙于工作、收入丰厚的知识经济从业者，在个人

156

157

生活中也需要把家政方面的工作分包出去，比如照护工作（照顾小孩和家庭成员等），这也增加对服务的需求。同时，简单服务业也以一种新福特式的方式完成了合理化，但没有提供福特主义通过强大的工会和国家监管所谈判达成的工资和社会福利。因此，自20世纪90年代以来，在遵循增长逻辑的资本主义体系中，简单的服务成了在新领域经济扩张的另一种有利可图且"廉价"的方式。虽然简单服务业的劳动生产率不高，但可以通过削减成本——低薪酬、减少社会福利、借助"灵活就业权"加大劳动压力——来弥补，以平衡其盈利能力。因此，简单服务业取代了工业劳动中的体力劳动，可以说它是后工业经济与知识劳动并存的第二支柱，也可以说是其反面。[27]

我所理解的极化的后工业主义是这样的：一方面，高技能人群，即知识工作者的数量明显增加；另一方面，低技能劳动者的人数也在增长，他们从事所谓简单服务业，大多属于低收入者。相比之下，需要中等资质的工作，例如传统的行政和零售业务以及尤其是传统的工业工作，正在减少。劳动社会学者马尔滕·古斯和艾伦·曼宁用"令人愉悦的工作"和"糟糕的工作"形象地描述了西方社会自20世纪80年代以来的劳动极化现象。有数据显示：高技能劳动者群体，在1979年占所有从业者顶端的20%，在随后的20年中大幅增加；尽管增长幅度不如前者那么大，但简单劳动从业者，即原本占所有从业者底端20%的人群，也有所增长。而从事中等资质工作的群体，曾一度占中间60%，却明显减少了（见图3.3）。

这里再一次显示了我在前文强调过的观点：[29]将后工业的劳动简单地用"服务"一个词来概括是一种误导。实际上，有两个截然相反的新工作世界并存。它们各自遵循后工业劳动的不同逻辑，经济学家和劳动社会学家对此进行了细致的研究：

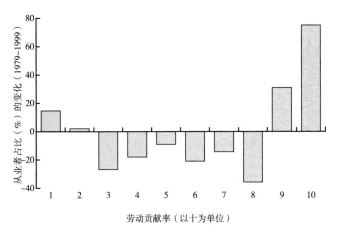

图 3.3　根据劳动贡献率，OECD 国家不同就业人群占比的变化，1979—1999[28]

知识性劳动是一种主观化的劳动，可以给人很强的认同感，它 160
基于劳动者的"内在"动机（因而也经常伴随着劳动者的自我
剥削），他们所从事的项目工作或网络化工作，也通常需要他
们投入"整个人格"，比如他们的交际能力、情感能力等（同
时也意味着，这些能力都被经济化了）。[30] 这样的劳动要求复
杂的认知能力，往往还需要创新的工作方式和团队合作。高技
能工作一般都会得到较高的社会认可，虽不尽然，但多数情
况下他们也会得到相应较高的报酬。简单服务业的工作逻辑
则截然不同。如前所述，这些大多是重复性体力劳动，可以称
之为"常规劳动"：工作目标是维持一种常规状态（安全、卫
生等），因此这些劳动经常是不为人所察觉的，或者只有当它
们缺失时，人们才会察觉。[31] 由于工作的高度专业化，这一
领域所要求的远非"整个人格"。这些工作只要求低水平的资
质，所以社会认可度也较低；而且，由于工会能施加的压力
有限，而竞争又很激烈（部分因为移民），所以薪酬低于平均
水平。[32]

161 　　高技能和低技能工作有一个共同点：它们至少部分是跨国组织的，也就是说存在劳动力的跨国流动。这一点适用于争夺高技能人才的"人才之战"，也适用于服务阶层的移民活动。传统的工业工作都是在国内组织和进行的，与此不同，后工业经济中两个极化的领域却与经济的全球化紧紧联系在一起。此外，后工业主义的这两个极端，拥有共同的社会空间结构。知识资本主义的知识性劳动和简单服务都聚集在大都市地区。它们在洛杉矶、阿姆斯特丹、美茵河畔法兰克福、墨尔本等城市共同发展且互相依存。

　　极化的后工业主义的这种双重架构意味着，我们在评判当前的经济情况时，必须放弃常见的两种极端看法。一种是乐观主义的看法，认为我们正在从工业经济彻底转向知识经济，论者的主张是一种传统的进步叙事，认为整个经济和产业结构都会上升到更高的水平。然而，这种看法忽视了简单服务业的扩展，也忽视了并非所有劳动力都接受技能培训和高等教育这一事实。另一种是悲观主义看法，认为我们会经历痛苦的去工业化过程，制造业从业者会大面积陷入贫困。这种看法忽略了，

162 后工业时代不仅有失意者，还有大量的成功者，即那些在知识经济领域工作的高技能者，他们的工作满意度、社会地位和生活水准都得益于新型经济。[33]

全球化、新自由主义、金融化

　　以非物质产品为需求的消费者革命、企业对知识型人才日益增加的需求、对数字革命潜力的充分发掘、生产中的新一轮自动化、制造业的全球联网，以及以创新为导向的知识性劳动和简单服务的双双增长，都是工业资本主义向后工业资本主义转型的直接条件，也是其根本特征。这一转型需要自20世纪80年代起彼此支撑的结构性框架条件：资本主义的全球化，

国家经济政策方针向新自由主义的靠拢，以及经济金融化的加强。近年来，经济学和社会学文献对此已有诸多讨论。在我看来重要的是，不应把上述三个因素当作新型经济的核心，而是要理解为它的框架条件。新型经济的核心在于，它是一种认知－文化资本主义，会产出新的产品形式，并与新的劳动形式和消费形式紧密相关。然而，没有全球化、新自由主义和金融化这些相应的框架条件，就没有新型经济。因此，我将简要概述这些因素。

163

　　如上文所说，人们普遍认为晚现代经济在很大程度上是全球联网的。[34]自20世纪90年代以来，资本主义经济的全球化浪潮将东欧的社会主义国家，以及战后在经济上还被认为处于封闭状态的不发达国家（以中国和印度为首）卷进了世界市场。虽然在"辉煌三十年"时期，西方经济也要依靠国际合作（例如在欧共体框架内），但这种开放主要涉及西方内部结构。直到20世纪90年代后的全球化浪潮才使上述全球劳动分工模式成为可能：西方后工业的发展以东方的工业发展为前提，只有在这个前提下才有可能产生全球生产网络。因此，西方的新型认知－文化资本主义和发展中国家新兴的工业化是相辅相成的。高技能劳动力市场和服务阶层的劳动力市场至少部分是全球布局的。

　　生产和贸易的全球化伴随着发达国家经济政策的重新调整。发达国家转向了新自由主义，其影响超出贸易问题的范围。实行凯恩斯主义调控政策和福利政策的国家，自20世纪80年代起向鲍勃·杰索普（Bob Jessop）所说的那种"熊彼特式的（即以创新为导向的）竞争国家"转变。[35]国家政策的目标不再是在国家范围内进行直接以全民福祉为目的的经济和社会调控，而是在全球范围内保证并提升经济、企业和员工的竞争力。这种新自由主义的竞争式国家，扶持面向未来的科

164

技，削减针对老产业的补贴，促进全球生产链，降低所得税和
营业税，收缩公共服务，将社会服务私有化，使得国家出现了
低收入阶层，也让一些人积累了巨大的财富。对于国际金融市
场，新自由主义国家也放松了调控。它们就这样使社会发生了
深刻的经济化，将一些原本完全没有以市场形式运行的领域
（基础设施建设、文化机构等）也推向了市场化。总体上，新
自由主义的路线转型加剧了各领域工业经济向后工业经济的结
构性变革。

自 20 世纪 80 年代起，经济的金融化加剧，为这次结构变
革提供了一个重大条件。[36] 金融化包括两个元素：金融市场资
本主义和债务。相比福特主义时代的企业，后福特主义经济中
的企业更多是上市股份公司，主要的持股者是投资基金。金融
市场资本主义与认知资本主义和新自由主义的相继崛起不是偶
然的：对企业来说，金融化意味着有机会通过股票市场获得银
行贷款以外的资本。这为信息技术和数字经济领域中的新兴企
业（但不限于此），特别是那些规模虽小但在有利情况下能够
迅速壮大的企业提供了资本，但前提是它们在金融市场上得到
投资者的信任。与现代资本主义早期一样，金融化是新技术、
新产品和新企业登场的典型阶段。[37] 与此同时，新自由主义对
社会保障的私有化（典型例子比如养老金的升级）、新中产的
财富、越来越富的新顶层和他们那些在资本市场上越做越大的
跨国企业，所有这些都使得股票市场上的投资意愿更加强烈，
而这又加强了对投资基金和金融产品的需求。这已经并将继续
对投身到金融资本主义的企业产生相当大的影响，因为与福特
主义时代相比，现代的企业管理者更注重短期利益的最大化，
因为他们认为必须一直关注股东利益。金融化对经济也进行了
一种经济化，将企业推向为实现最佳股市表现而展开的竞争，
并使其面对持续的短期优化压力。

视后工业经济第三产业内部复杂而极化的情况的风险；另一个风险是错误地将这种经济简单归结为某几种类型的服务业。然而，即使在后工业经济时代，物质性产品——汽车、服装、药品等等——仍在继续生产。连这一术语的提出者丹尼尔·贝尔也很快抛弃了"服务"这个主导概念，转而强调知识经济的引领作用，称之为后工业时代价值生产的核心。事实上，可以认为当下新型经济结构的本质特征，就是复杂的知识本身成了真正有价值的产品。通过这一认识，经济学家彼得·德鲁克也认为，后工业经济中存在一种"用知识生产知识"的结构，其核心是需要知识劳动的知识产品，因此知识成了最重要的增值力量，因为它具有创造力。[39] 这些研究指出了方向，让我们能通过进一步分析了解后工业经济的深层结构。法国经济学家颜·穆列·博唐和其他一些学者经过系统研究后指出，后工业经济是由认知资本主义驱动的。

不过，上述关于知识社会和认知资本主义的相关理论往往缺乏这样一种认识：在认知资本主义中，重要的产品类型不仅仅具有认知属性，而且还具有文化属性，因为这些产品承诺要给消费者带来象征、叙事、美学或伦理价值。故而文化性产品是特殊类型的知识性产品。有一些论著者从微观经济学和社会学的角度密切关注消费领域的转型，他们发现文化性产品对晚现代资本主义有着重要的意义，例如不久前对文化资本主义的一个重要领域进行系统研究的卢克·波尔坦斯基和阿尔诺德·埃斯奎尔（Arnaud Esquerre）。[40] 在前面几章，我已指出后工业经济是一种认知－文化资本主义，而且认为，这种双重结构与旧工业经济相比是真正的新特点。从基本结构来看，后工业经济是一种认知资本主义。作为认知产品的一类，文化性产品以及文化资本主义的生产机制有着特别重要的地位。如果要更准确地理解认知－文化资本主义，最好要从产品本身入手。

产品是经济中最简单的单位。在现代经济中，它们被提供给市场，满足消费者的需求。产品也可以是非商业性的，比如由国家机构（国有教育体系就属此列）提供，而公共服务确实也是第三产业中的很大一部分，特别在欧洲大陆。[41] 不过大多数产品是商业性产品，即商品，除了使用价值之外，还有货币价值，表现形式为价格。产品可以有多种具体形式。首先是传统意义上的物品：小到简单的食品（比如苹果）大到复杂的科技设备（比如粒子加速器）都属此类。另外，还应提及其他三种一直存在的产品形式：第一种是服务（Leistungen），它指的不是物品的易主过程，而是对消费者产生影响的行动过程；第二种是活动，它是消费者在特定时刻体验到的物品和服务的组合，戏剧表演就是一个典型例子；第三种是媒体形式，它以符号序列的形式将物品和服务集合在一起——文字、图片、声音、游戏、操作指南——存储在物质性的载体上，可进行检索和访问。

这种简单的产品类型梳理是有益的，因为它将工业经济和后工业经济之间的首要区别直接展现在我们眼前：工业经济在本质上是一种关于物品的物质性经济，而其他三种产品只被当作边缘现象。在后工业经济中，情况有所不同。因为在这个经济体系中，服务、活动和媒体形式明显有了更大的经济效益。狭义的服务，特别是与企业密切相关的服务变得更加重要。[42] 提供活动的典型行业旅游业，对德国国内生产总值的直接贡献为 4%，间接贡献为 11%。[43] 而提供媒体形式的行业，因数字革命而翻了很多倍。不过，正如上文所说，这不意味着物质性产品对晚现代经济不再重要了；相反，我们要认识到，晚现代经济仍包括"工业化"产品的生产。从更深一层的意义上来说，产品是物品、服务、活动还是媒体形式，都不是决定性因素。最主要的是，所有这些产品形式都能在认知－文化资本主义这个框架内运作，只要它们在本质上是认知产品，即复杂的知识性产品，而其中一些还可以成为文化性产品，这些产品的重要性和文化价值都要高过其物质价值。认知－文化产品是高度复杂的产品，这是它们与功能性标准化产品的不同（在晚现代语境下，可将简单服务视作功能性标准化产品）。它们的知识性和／或文化性取决于生产它们时所需的劳动或资本类型，也取决于消费者如何看待这些产品。

自 20 世纪 70 年代起，非物质资本［经济学家称之为无形资产（intangible assets）］的重要性大幅抬升，认知资本主义也一路高歌猛进，乔纳森·哈斯克尔（Jonathan Haskle）和斯蒂安·韦斯特莱克（Stian Westlake）对此做过细致的研究。[44] 这意味着，一件产品，由于其内含的非物质资本的重大作用而成为认知产品。在工业化现代，企业投资并形成其长期资本的资产通常是物质资产，如机械设备、土地和楼宇、储备的原材料等。这些物质资本构成了企业生产力的基础。换句话说，在现代工业时代，要估算一家企业的资产，几乎只需要去工厂走一趟。[45] 如今的情况则不同，放眼整个西方的经济，对非物质资本的投资都大幅增加（见图 3.4）。在一些国家，对非物质资本的投资甚至已经超过了物质投资，如在美国、英国、瑞典、荷兰和法国。

什么是无形资产？非物质资本简单地说就是思想、知识和社会关系这样的资本。其中最重要的是创新资产（Innovationseigentum）或智力资本（intellektuelles Kapital）：知识产权、版权、商标权和专利。[47] 在这里，资本在一定程度上是指占有一经开发之后便可以作为"蓝本"反复使用的知识性底本（或拥有知识性底本的商业使用权）。这种智力资本让企业能够生产并提供自己特有的产品。版权和著作权这样的非物质资

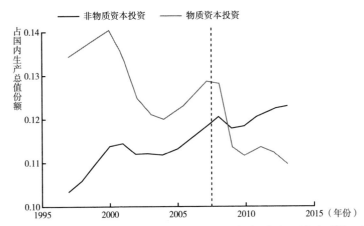

图 3.4　奥地利、丹麦、捷克、芬兰、法国、德国、意大利、荷兰、西班牙、瑞典、英国、美国的物质资本和非物质资本投资的发展情况，按其在国内生产总值中的份额衡量，1998—2013 年 [46]

产，一般而言是文化类企业的资本，包括出版社拥有的著作权和库存目录以及唱片公司拥有的艺术家和音乐作品。但是，如今认知资本主义的所有企业都认为，持续性地投资以扩大自己的智力资本是核心要务。企业非物质资本的其他成分包括数字化知识储备，例如记录重要用户信息的专门数据库以及专门的人力资本，即员工的竞争力（企业招聘和进一步培养的员工的能力），企业在当地和跨地区运营的经济网络、合作关系以及企业自己开发并维护的一套管理规则。

　　非物质资本绝大部分通过知识性劳动（认知劳动）产生。[48]如上文所说，知识性劳动最关键的特征是它的创新和创造导向：它要能研发新东西，而不仅是进行重复性工作。因为只有通过创新能力，才能生产新的智力资本和新的认知产品。如此说来，涡轮扇发动机这样的高科技产品严格地说不能再算是物质性产品了，而是保罗·马森（Paul Mason）在分析信息经济

174　时所说的那种认知产品。[49] 当然，发动机本身是物质性的，实在而具体，但它那无比高昂的价格中只有一小部分与材料和制造成本有关；绝大部分来自投入的智力资本，而智力资本又要依赖知识性劳动。然而，由于这种劳动以创新为导向，其结果是难以预料的，这一点与体力劳动或日常行政工作不同。在常规工作中，比如工厂里的工人或办公室的职员，多多少少能比较清楚地预料他们的工作所生产的产品能带来的大概"价值"，而在认知工作中，原则上无法确定是否能创造新的、有用的东西，是否能找到买家并成功地进行营销，从而最终带来利润并增加智力资本。

有一点要特别强调：知识性劳动和非物质资本不仅是狭义的非物质产品（媒体形式、活动、服务）的前提，对许多仍以"工业"方式制造的晚现代物质性产品也至关重要，无论是像高科技机器这样的投资产品，还是运动鞋这类的消费品。这样，看似矛盾的一点也变得明了：在知识文化资本主义的后工业经济中，仍在以大批量和自动化的方式生产物质性产品并在全球销售（全球生产链和销售网），这些上面的物质性产品也因所投入的（昂贵的）知识性劳动（从方案到研发再到销售）

175　和巨大的非物质资本，而越来越多地成为认知产品。[50] 因此，认知 – 文化资本主义不仅在第三产业占主导地位，也在逐渐影响第二产业。简而言之，在晚现代中，经济发生了多方面的"认知化"。

文化性产品和文化资本主义

在认知资本主义的框架下，文化资本主义是如何形成的？这里要再次强调，在晚现代经济中，除了认知产品之外，依然存在简单的标准化产品，包括简单的服务。同时，并不是所有的认知产品都是文化性产品（涡轮扇发动机就肯定不是），但所有的文化性产品都是认知产品，更准确地说：满足一系列前提条件的认知产品才是文化性产品，它们与消费者之间存在一种特殊的关系。而它们的销量、价格和利润，则取决于消费者赋予它们或从它们身上感知到的文化价值。

文化性产品与功能性产品有着根本区别。功能性产品之所以被使用，是因为它们承诺提供具体的实用价值，它们在某种程度上可以看作是"实现某种目的的工具"。食品是生存的工具，看医生是恢复健康的工具，新闻节目是获取信息的工具，等等。虽然文化性产品多半对消费者也有工具意义，但这只是次要的；重要的是，它们除此之外有一种狭义上的价值；通过这种价值，它们本身就显得有价值，不依赖其功能，它们拥有的就是我所说的文化价值。文化价值的范围很广。具有审美价值的产品会触动感官，给人带来某种体验，例如旅行、音乐作品、服装、化妆师的服务等。具有叙事价值的产品附带象征价值、意义和故事，如位于特定位置的住宅、设计师款椅子、精英大学、特定品牌的运动鞋、知名酒吧等。具有娱乐价值的产品提供游戏的快乐，不论是被动参与（在足球场看比赛），还是主动参与（打电子游戏）。具有创造价值的产品激发人们参与活动的兴趣，比如一次工作坊、拉练式度假、瑜伽班等。具有伦理价值的产品传达道德品质，比如有机食品、可再生能源、公平贸易产品、素食餐厅。总的来说，文化性产品在很大程度上是与情感联系在一起的，这与功能性产品的客观性不同。文化性产品还能与某种高尚的象征性荣耀联系在一起，其中起作用的可能是产品的稀有性和独特性。

文化性产品并不是后工业时代的发明，在现代资本主义初期就有了。[51] 商业资本主义时代的很多奢侈品以及流转在艺术品市场上或在博物馆展出的绘画作品和雕塑作品，都属此列，甚至在工业化的福特主义及其大众文化时代，也就是第一次消费者革命时期，产品除了功能性价值之外，还有文化性价值，比如品牌产品，或者文化产业领域的产品。然而，直到福特主义发生饱和危机，文化性价值才变得尤为重要，这也是对危机的一种反应：直到这时，认知－文化资本主义才进入了全面发展时期。自那时起，文化象征性和情感因素越来越多地融入经济领域，为文化和情感产品的经济扩张创造了几乎无限的空间。消费者对功能性产品的需求已经得到满足，现在加倍关注文化和情感产品。晚现代的消费者逐渐培养了对文化性产品的特殊专业知识，如何将这些产品纳入自己的生活中"布展"，成了件重大的事。同时，产品所能带给消费者的情感联系和个人认同，也变得很重要。人们主动将这些产品变成自己生活方式的固定组成部分或表达方式，如食物、旅游、体育活动、家居用品，及满足收藏爱好或其他喜好的产品——这些产品通常不再被看作平庸的"消费品"。

在经济中流转的产品，根据其复杂程度，可以排成一个"产品金字塔"（见图 3.5）。在生产条件和消费方式方面，最简单的是功能性标准化产品。由于所投入的知识性工作量，认知产品的复杂性较高。金字塔顶端是文化性产品（它们也都是认知产品），因为它们不仅有着生产上的高度复杂性，也有消费方式上的复杂性。

178

图 3.5 产品金字塔（作者自制图）

　　自 20 世纪 80 年代开始扩张的文化资本主义有一个根本特征：它的文化性产品要通常具备独特（独异）性，消费者也期待这样的特性。[52] 换句话说，文化资本主义是一种独异性资本主义，其特点是极度多样化的消费围绕着独异性产品及其品质差异展开。独异性不是产品的客观属性，而是取决于消费者或评价机构的眼光，由他们来认定产品是否具有审美、伦理、叙事或乐趣方面的独异性。如果一件物品、一项服务、一次活动或一款媒体产品在观察者眼中显示出独一无二的品性，它就是独异的；特定服装品牌可以是独异的，特定街区的某栋住宅也可以是独异的，还有某位治疗师、某个旅游地、某次文化活动、某部网飞电视剧，甚至某种吸尘器都可以是独异的。独一无二并不一定意味着只此一件，因为同版本的独异性产品也会大量存在，而且很多人都可以得到它，比如特定品牌的鞋子，或者电视剧《巴比伦柏林》（*Babylon Berlin*）。有时候，产品的独特性因为稀缺而得到补充和加强，也就是说，这件产品不仅不可替代，而且相对稀少（限量版服装、特种葡萄酒），在极端情况下，产品只有一件（样板鞋、威尼斯这个城市、不可复制的艺术品）；这种类型的文化性产品，也带着象征性的特殊价值。总体上，消费者希望文化资本主义提供的产品要"真"，就是说不能是大批量生产的。

　　产品的独异化过程会从全部文化储备中吸取可用之物：高雅文化、大众文化、青年文化和亚文化、地区文化和民族文化、全球文化的各个方面，以及当代文化和古代文化。对于文化资本主义，全世界的各个领域都可能成为其文化资源，加勒比美食、欧洲中世纪、歌剧欣赏、中国太极拳、北欧家具设计、蒙台梭利幼儿园、以客户为中心的谈话疗法、20 世纪 60 年代的胡须潮流、法国葡萄酒、苏格兰的自然之旅和巴黎的城市历史。在文化经济中，以前毫不起眼、被忽视、纯功能性

179

180

或甚至无用的食物，都可能通过独异化而成为具有文化价值的东西。[53]

文化资本主义的产品，从根本上来说有两种重要特征：短期潮流和长期声望（在工业化现代，这两种特性完全没有意义或意义很小）。这样就有了两种相反的时间架构：一方面是新事物的快速更迭，另一方面是价值的长期保持。文化性产品进入市场后，可能会产生短期的吸引力，引起一段时间的兴趣和热情并获得成功，但随后可能会逐渐变得黯淡，人们会转向下一个新事物、吸引点。这就是时尚的循环——电影、旅行地、商店和文化活动遵循这种规律。然而，文化性产品也可能获得长期声望，在长时间里保持独异性和价值，从而保证长期获得利益。能否做到这一点，取决于社会评价机制。如果成功，就会成为经典：经典设计、经典音乐、经典旅游路线和声誉卓越的服务提供商、古老名校，以及知名居住地。[54]

哪些经济领域或行业是文化资本主义的"地盘"？首先当然是那些一直专注于文化性产品的行业，即所谓创意产业，包括媒体、互联网、设计、建筑、新闻、游戏、音乐、艺术和营销。彦斯·克里斯滕森在对体验式经济的研究中，阐述了旅游和体育（参与型和观赏型）为什么也可以算作文化经济。[55] 时装业与此相似，因为这一行业里的产品除了功能之外还具有象征性意义。[56] 文化资本主义扩张的典型表现是，不仅传统的文化产业在扩张，而且那些"功能性"行业也越来越多地赋予其产品文化内涵，并强调独异性。功能性产品向文化性产品的转型原因，我已经说过多次：在基本需求已经饱和的时代，保证经济的发展。简而言之，自 21 世纪初起，整个消费品行业都有将其产品文化化和独异化的趋势，包括传统的领域如食品、餐饮、教育和卫生健康。如果一种食品具有伦理价值（比如有机产品），或因为特殊来源别具风味，就会显得与众不同；一家餐馆，如果菜品别致、装修有格调，也会显得与众不同。在教育普及、教育机构多样化的背景下，各中小学校和高校发展出了不同的特色，它们长期以来建立起的"值得信赖的名校"的声誉，成了最重要的东西。在卫生健康领域，除了传统的基本医疗保障服务外，还有许多多样化的产品可用来促进身心健康，进一步发展身体和心智。

　　一旦开始，产品的文化化和独异化进程就会明显趋向自我加热。各个竞争者都有压力，要在业务上不落后，就得应对其他产品的独异化优势，对自家的产品也进行独异化。对食品来说是这样，对学校、酒店、医疗机构都是这样。如果几样食品进入文化资本主义的领域，其他食品就会面临跟进的压力。如果有一些学校完善自己的特色，其他学校就不能容许自己只提供标准化的教学产品，如此等等。之所以会这样，不仅因为文化性－独异性产品容易在情感方面吸引消费者，而且因为它们能带来丰厚的利益。然而，这就引发了一个基本问题，即认知－文化产品市场是如何架构的，这样的市场与功能性大众产品市场有什么区别。

赢者通吃市场：认知文化产品的延展力和吸引力

　　在工业化社会，标准化产品在标准化市场上流通。它们通常都是物质产品，在功能和价格上彼此竞争。决定价格的是原材料、人力成本，以及投入的生产资料。功能和价格是吸引消费者的两大元素，物美价廉是最好的。这是经济分析的传统范畴。而在认知－文化资本主义中，情况则不同。产品、劳动形式和消费风格都发生了根本的转型，这也彻底改变了市场及其定价方式。因此，资本主义获得财富的方式也发生了变化。[57]

　　以全球运动品牌耐克的一双售价 300 欧元的运动鞋为例，只有当我们理解这双鞋不仅仅是物质功能性产品，而且是认知文化产品时，才能理解它的价格。这种价格遵循非物质经济的规则。鞋子相对低廉的材料费和制造成本是无法说明价格合理性的。鞋子的非物质性以及它的价格更多地源于其"认知生产"和"文化消费"。从生产的角度来看，在生产这双鞋时，认知文化劳动占了人力劳动的主要部分，所投入的资本很大程度上是"无形资本"。其中包括：将耐克打造成一个具有特定审美和叙事吸引力的品牌；对跑鞋本身进行研发和设计，并不断创造新款、发布限量版；聘请著名运动员作为代言人；"汲取"当地青年文化的兴趣和想法；在官方网站上展示产品，在社交媒体上进行定制传播；赞助各种活动，并在大城市的零售店和旗舰店为客户提供展示和咨询服务。此外，耐克公司还需要使用与公司密切相关的服务：人力开发、信息技术服务、专利和版权方面的法律咨询，以及组织管理的优化。最终，企业里的非物质资本多过了物质资本，"耐克"这个历经多年树立起来的品牌，肯定是该企业所有资本中最有价值的一个。

从消费者的眼光来看，这双鞋是一种文化性产品。耐克买家不仅关注鞋子的功能，还关注它的文化吸引力——体现个人品质，买了它就能成为耐克一族的成员。虽然鞋子大批量生产，但这个品牌的鞋子在消费者眼中是独异的、不可替代的产品。这就是人们（在文化动机的推动下）愿意为它支付高昂价格的原因。认知生产和文化消费，将一件平凡的（本来便宜的）功能性产品转化为有价值（因此也昂贵）的认知 – 文化产品。[58]

因此，认知 – 文化产品的货币价值应与特定的劳动形式和特定的资本形式相结合，即认知劳动和非物质资本。[59] 同时，认知 – 文化产品也因为其具有的两个特殊的特征在经济上如此有利可图，且与功能性产品有所不同。作为认知产品，在最佳情况下它们可以具有延展力。作为文化产品，在最佳情况下它们可以从自己的吸引力和名望资本中获利。要注意，这里说的是最有利的情况！然而，与此相对应的是（如前所说），推出新品是有风险的。如果环境不利，新型认知产品在研发过程中可能无法达到预期的效果，如果不能从消费者那里获得（足够的）关注，从而具备吸引力和声望，刚进入市场的文化产品就有可能遇冷。在这类产品的市场上，成功与失败之间的鸿沟是巨大的。这正是后工业资本主义偏爱的赢者通吃市场的典型特征。

186

经济学界对多种认知产品（以及其中一些文化产品）的延展力进行了研究，[60] 并且特别注重它们与（传统经济学所关注的）不具备延展力的功能性产品之间的差异。延展力是指产品研发出来之后，就可以以最小的（能源、金钱、劳动力）成本进行无限复制。对延展力强的产品，大部分或者全部投入都集中在研发方面，相比之下，其生产（再生产）几乎不需要成本。以药品为例，其研发成本巨大，而大规模生产药品成本相对较低。撰写长篇小说、创作交响乐、策划并拍摄剧情片，都需要花费大量的时间和精力，相较之下，复制图书、唱片和胶片就没有多难。类似的情况甚至适用于设计师款家具的批量生产，给企业带来利润的也是无形资本（比如生产这种椅子的许可证）。那些通过电子媒体，特别是数字媒体传播的产品，可扩展性最为显著，比如能用手机收听的歌剧或流行音乐会、电视上直播的两支顶级足球队的比赛，以及只需一次研发的软件或应用程序。

187

许多认知产品的延展力具有一个显著的结果：如果一件产品成功了，那么投入（包括认知投入）和利润之间的剪刀差会不断扩大。产品会"自己向前跑"，如果拥有它的知识产权，它会通过高昂的价格或巨大的销量收回研发成本，并成为一棵稳定的摇钱树，只需极少的后续工作投入，就会持续带来高额利润，比如没有替代产品的抗癌药物、畅销小说、经典设计师款座椅、歌星、经典影片、顶级赛事或品牌跑鞋。这就是认知资本主义的生财之道。不过，前文说过，作为有延展力的产品，认知产品同时也面临巨大的风险。开发它们需要大量的时间和金钱，而且通常无法确定是否会成功，尤其是在高科技领域。同样不确定，有时还依赖偶然事件的是，新的认知产品能否获得市场份额，获得延展力，带来丰厚的收益。特别是对于那些吸引力主要建立在象征和情感因素之上的文化产品而言，这种偶然性尤为突出。文化资本主义的两个领域可以作为典型的高机遇高风险例子：艺术领域和大城市的房地产市场。

经济社会学长期以来基本上没有注意过艺术领域，在工业化现代，各种艺术门类都处于边缘地位。在晚现代，艺术品市场在某些方面却转而成了文化资本主义的范式。法国经济社会学者皮埃尔－米歇尔·蒙格（Pierre-Michel Menger）是研究这一领域的先行者。[61] 艺术品市场是经济学家所说的典型的赢者通吃，至少是赢者多吃市场。[62] 在这个领域，在"创作"方面乍一看微小的差异在市场成功方面会产生巨大的差异。首先，这个领域存在普遍的过度生产：创作的全部画作、乐曲和电影中，只有很少一部分能拥有较广大的受众。此外，谁也不能预先知道哪些新晋画家、作曲家（以及歌手）或导演（和演员）最终能成功。我们面对的，首先是一个"谁也没底"的市场，具有巨大的风险和不确定性。有一些艺术家能够受到高度的认可，最终成为明星。他们中的一些人，能够获得长期声望。在这种情况下，财富收入会极其巨大。比如在美术领域，有少量真迹会卖出非常高昂的价格；在音乐领域，明星音乐家可以要求非常高的出场费；在电影业，一部影片可能会吸引全球的观众，影星可以通过广告合作赚取大笔金钱。而这些行业的许多从业者可能空手而归，处于中间地带者又很少：这就是赢者通吃或赢者多吃市场。

如何解释成功与失败之间的这种巨大差异？如果用传统的工业经济学术语来考量，即劳动投入、顾客根据功能评估价格，"赢者通吃"原则会令人惊讶。格哈德·里希特与名不见经传的（杜撰的）画家里希特，科恩兄弟与不知名（杜撰的）导演约翰·科恩，在绘画或拍摄上投入的劳动、材料和时间可能是一样多的。但这不是决定性因素。关键是，认知劳动不在于能量投入的多少，而在于创新；而创新能否成功是无法预料的。此外，消费者作为观众，是一部作品是否有新意的裁决者。很显然，艺术品与功能性无关，重点是其文化价值。艺术品是典型的独异性产品，必须在消费者眼中显得与众不同，也就是要无可替代才行。它们必须具备"某种特质"。重要的是独特性或原创性。因此，艺术品在吸引力市场上流通，而吸引力在于观众的眼睛：消费者根据他们的文化和情感标准来决定哪些电影、画作、乐曲是吸引人和有价值的，哪些是没有吸引力和没有价值的。什么能够打动人心并能长存在记忆之中？什么是无趣的，只能是平庸的大众商品？让这些产品成功或失败的，是消费者的品味。消费者只评说整体，某种东西吸引人，就是成功；如果不吸引人，就是失败。这就是文化性产品市场的"不公平"之处。

文化资本主义赢者通吃市场上的一个典型的例子就是晚现代房地产市场的一些细分领域，卢克·波尔坦斯基和阿诺德·埃斯奎尔在关于"丰裕经济"（Bereicherungsökonomie）的研究中，对此进行了分析。[63]这个例子很有趣，是因为在这个例子中，以往的功能性产品发生了文化化。房屋原本只是实用品，但"位置绝佳"的那些就不一样了，它们获得了一种象征意义、美学或叙事特质，并因为这些文化价值而具有了社会

190

名望。这些房屋也因此成了独特的产品：它们被看作是别具一格的，因为它们所处的位置具有正面的独异性，并且它们本身也变成了一个独特的场所。 如果一套房子，位于汉堡哈维斯特胡德地块，能看到阿斯特外湖；或者位于旧金山湾区，或者处在纽约布鲁克林区，那么消费者购买（或租赁）它时就不会只从功能的角度来看，而是会注重这处房产的社会文化地位，它的独异性价值。高贵的地位转化为高昂的售价或租金，这是纯功能性的产品根本不可能企及的高价，与造价基本上是脱钩的。

当然，从文化声誉中获得的货币价值是会波动的，受很多偶然因素的影响，因而存在风险：从前被认为不具吸引力的街区，可能在几年之内就变得极具吸引力而且价值暴涨（令现业主高兴，但可能对未来的买家和租户不利），但情况也有可能完全相反，比如外部条件的变化（游客过多、建筑太拥挤）就有可能"损害"它的地位，导致价格下跌。此外，一个国家范围内只有少数地点的房产可以成为独异性产品而销出高价，这些大多是大都市某些特定的街区，或者某个范围很小的地块，因为自然景观而身价上涨。其他许多地区和城市都"只是"功能性的居住区，没有文化性和独异性价值的加持。这可以从房价上看出来，这些地区的房价普遍比"绝佳位置"的房价低很多。这也是赢者通吃规律的表现。

艺术品和房产这两个例子清楚地表明，文化资本主义中的产品价格，在多大程度上与所投入的劳动（从亚当·斯密和大卫·李嘉图到卡尔·马克思的传统政治经济学都以此作为基本标准来衡量商品价值）和其他物质因素（原料、设备等）脱节了。价格可以完全独立于这些因素急剧上涨或大幅下落，因此在看起来十分相似的产品（所投入的劳动量相近）之间，可能存在巨大的价格差异。我们已经看到，在文化资本主义中，从企业的角度来看，商品的盈利能力可能会非常高，或者在不利的情况下可能会非常低。这样看来，文化资本主义是一种极端的资本主义。原因不仅在于它的许多产品的延展性以及认知劳动和非物质资本的本质，而且还在于文化性产品流通的市场是受情感影响的吸引力市场，在这个市场上，产品转变成为——或者不能成为——独异性商品。

在这一过程中，消费者基本上也只对结果感兴趣：产品本身以及它能引起多少情感触动，它会被怎样看待；消费者不会关注它是怎么生产的。在文化资本主义中，文化性产品一旦获得关注，往往就会按照马太效应（赢者全拿）轻松地吸引更多关注。曾经被赋予高声誉的文化性产品更容易不断收获或重新获得荣誉。[64] 正如前文所说，文化市场的赢者通吃规律，用标准化市场上传统的价格计算方式是无法理解的，甚至从这个角度看，文化性市场似乎是非理性的。从社会学的角度来看，文化资本主义绝不是非理性的。它有其自身的逻辑，即一种赋予文化价值和情感吸引力的逻辑，非物质经济和文化资本主义生产财富的逻辑。

极端资本主义：社会的经济化

现在我们的分析进入了最后一步：后工业时代的认知－文化资本主义是资本主义最为发达的形式，它的影响早就不再局限于经济领域。自 20 世纪 80 年代起，就发生了广泛的社会经济化。[65] 这首先意味着，那些经济领域特有的模式和标准已经迁移到经济之外的其他社会领域，进入了文化机构和社会机构、城市的教育和社会生活、宗教和政治、媒体传播，甚至婚恋和私人交往领域，并在那里占据一席之地。

这里所说的经济化具体是什么意思？在狭义上，它意味着所谓的商业化：以前以非商品形式流动的物品、服务或活动，

193

194

现在必须由"客户"以商业途径购买，而且要遵循利益最大化和成本控制的规则。这种商业化意义上的经济化发生在20世纪90年代，当时英国的高校普遍引入了学费制度。然而，在更为抽象的意义上，社会的经济化远不止商业化：这个意义上的经济化指的是市场化，即市场逻辑进入以前没有或基本上没有市场行为的社会领域。市场具有特殊的形式：各种实体，以广义上的"产品"为代表，在价格、功能、价值方面展开竞争，争夺顾客、消费者和使用者的青睐，而这些人要对产品进行比较和选择。[66]市场规律因而是一种竞争规律，它不一定要通过钱来展开：潜在婚恋对象在交友平台上的竞争、学校在公立体制内的竞争，都证明市场规律已然进入了非商业领域。不仅如此，社会的经济化还会反过来影响经济本身。在福特主义时代，经济的市场性是受到很多限制的——劳动法、较低的产品创新水平、消费习惯或国家经济特有的一些因素都会限制它，而在后工业时代，市场性却得到了进一步提升。

是什么导致了晚现代社会的经济化？前文说到的晚现代经济的三个外部条件无疑起到重要的作用：全球化、新自由主义政策和金融化。生产的全球化和产品的全球流通，将"本土"产品和劳动力置于国际竞争的压力之下。新自由主义政策则将市场规则引入了那些在福特主义时代几乎没有市场行为的领域（比如高校或文化机构、交通运输业以及能源供应领域）。最后，金融资本主义持续地用股东价值评判上市公司，令它们面临着特别大的竞争压力。不过这三个不是导致社会经济化的全部因素。其实还有一个因素，即从工业资本主义到后工业资本主义，再到认知-文化资本主义的转变，正如前文所述，这种转变非常具有扩张性，直接或间接地将社会的许多领域卷了进来。因此，社会的经济化在很多时候表现为社会大范围的文化经济化，也就是说，这个经济化过程不断地将更多的社会领域转变为（商业或非商业）文化性产品（即独异性产品）市场。

只有将社会的经济化看作是文化资本主义体制的扩张，才能明白它不仅是一种"自上而下"的强制性结果，即通过机制化的竞争压力将经济化强加给社会（全球化、新自由主义和金融化就是这样）。相反，它还与一种新型的需求有关，这种需求产生于晚现代社会，只能在独异性产品市场上得到满足。自20世纪70年代以来正在进行的消费者革命本身就是"自我实现"革命的结果，它催生了一种在日常生活中追求"拥有选择权"的主体，即他们希望能够在各种产品之间进行选择，以满足他们在身份认同、生活体验，以及文化独异价值等方面的情感需求。新中产阶级是这场消费者革命的生力军，因此，社会的文化经济化也得到了一股自下而上的强大推动力，即生活世界自身给它的推动力。[67]

自20世纪80年代以来，这种社会的文化经济化在各个领域都有所体现，比如教育领域。幼儿园、中小学和大学变成了独异性产品或提供独异性产品；它们活跃在当地或跨地区、跨国家的吸引力市场上。教育市场日益取代了由国家调控的教育体系。直到20世纪80年代，孩子就近上学还是一件理所当然的事，现如今的标准则不同了，特别是在大城市，已经形成了专门的教育市场，众多学校在这个市场上竞相展现自己的特色和声誉，争夺挑剔的家长和学生（尤其是新中产阶层）。无论是私立学校还是公立学校都是如此。

在城市和地区之间，也形成了竞争机制；它们以前所未有的力度在地区、国家乃至全球范围内争夺居民和就业者（纳税人）。新中产的一个特点就是地域流动性强，因此居住地也就成了他们有意识选择的对象。一座城市在文化和情感方面的吸引力、城市氛围的独特性，都成了选择（未来）居所时的重要指标。然而，城市不仅为了吸引居民而着力打造自己。游客、投资商，以及（尤其是认知－文化资本主义）企业和机构，也会从独异性的角度选择目的地。高端工作机会迟早会聚集在那些最具吸引力的城市。因此，各个城市努力打造自己的"特色"，以求吸引关注，获得认可。[68]

独异性市场不断扩张的第三个领域，是私人交往领域。这里特别要提到的是通过线上交友平台结成恋人或伴侣（或仅仅是"艳遇"）的情况。这些平台自 21 世纪初开始发展壮大，求友者都想被人看见，让别人觉得自己宝贵且与众不同，他们就是这些平台争夺的对象。虽然在市民时代也一直都有婚恋市场，但晚现代的婚恋市场表现出不同的性质。由于这是一个跨地区的庞大市场，个体之间争夺关注和认可的竞争就激烈得多。从某种意义上来看，这些个体也把自己当作了"文化性独异性商品"，能给别人带来价值和特别的体验。[69]

除了交友平台这个例子之外，还可以把 20 世纪 90 年代出现的网络社交空间整个看成一个社会领域，这里正在发生社会的（文化）经济化，几乎涉及每一个人日常生活的所有方面。虽然在互联网上也形成了不一定以市场形式存在的社交网络社区，但总体而言，它（即使抛开商业利用不说）也具有吸引力市场的结构：个体通过打造自己的特色争夺其他用户有限的关注度和积极评价。同样，这里也只有具备独异性，即与众不同、给人惊喜、别具一格的人才有可能获得成功。个体想给别人留下深刻的印象，这样其他人就会成为自己的"粉丝"（Follower）。每个人都是潜在的消费者——同时也是潜在的生产者、供应者，将自己打造为文化性独异性产品。在数字化的"关注度经济"中，赢者通吃格局十分尖锐：一边是少数的成功用户（比如在 YouTube、推特或博客上），另一边是大量的不成功的用户；极高的社会可见度和不可见度形成强烈的

　　自 20 世纪 70 年代起，个人和国家的负债规模都在明显扩大，这是金融化的第二个后果。[38] 西方国家在"辉煌三十年"时期的债务水平较低，但在经济繁荣阶段结束之后，由于增长率降低，国家和家庭的收入减少，债务大幅增加，首先面临这一问题的是国家。随后，家庭债务也开始增加，主要是因为用于消费品的中短期贷款（信用卡消费也包括在内），尤其是因为房地产贷款，美国的情况尤为严重。尽管宏观经济环境不佳，但人们仍想总体上维持"丰足年代"的家庭生活水平和政府服务水平；在很长一段时间里，贷款似乎是能让人免受节衣缩食之苦的唯一办法。尽管现在许多国家仍然奉"黑零"（schwarzer Null）为铁律，但可以肯定的是，西方后工业经济总体上是非常依赖信贷和债务的。它不断需要新的资金，而在布雷顿森林体系瓦解之后，就得凭空弄来这些钱。

认知资本主义与非物质资本

　　到目前为止，我已经概述了福特主义工业经济的危机、资本主义在 20 世纪 70 年代摆脱饱和危机与生产力危机下的方式、高技能与低技能人群之间形成的极化的后工业主义新格局，以及转型的结构性框架条件（全球化、新自由主义、金融化）。现在可以谈谈认知资本主义和文化资本主义的深层结构。它与传统的工业资本主义的区别是什么？当然，统计数据所显示的产业重心（劳动力和国内生产总值）从工业向服务业的转移是一个重要因素。不过，真正前所未有且影响巨大的是，认知－文化资本主义中的产品形式发生了转变，而经济正是围绕这些产品运转的。关于认知－文化资本主义的诸多论述都在谈产品的结构转型，我也想就此谈谈我的观点。

　　上文已经指出，"服务型社会"这一广义上的术语存在忽

167

反差。

随着社会的文化经济化，文化资本主义机制在经济以外的其他领域也扩张开来，这样，"资本主义"的定义就会超越经济领域。正如前文所说，这里所说的"资本"通常不是货币资本，但这并不是说，它不会带来经济效应。在晚现代经济中，非物质的独异性资本可以直接转变为财富，在理想的情况下，这种资本还不会因此被消耗。而在经济以外的其他领域，比如公共教育、婚恋市场或社交媒体上，无形资产被证明是很宝贵的，因为它们与其他非货币型因素进行"交换"，而无须耗尽自身。在这些领域，可以通过交换无形资本获得的"交换品"包括有天赋、上进的学生；人人仰慕的婚恋对象；或者点击、点赞和关注者。并不排除这种交换会产生货币方面的影响，"城市市场"就是一个例子：城市可以依靠独异性资本吸引感兴趣的人（居民、游客、投资商），间接创造经济利益，比如税收增加或活跃当地经济。非货币性文化资本当然也具有与货币资本类似的特性：独异性资本也能"资本化"，也就是说可以积累，并不断地换来其他产品，而且在最理想的情况下还不会被消耗。

总而言之：文化资本主义在经济领域中的许多特征，也适用于社会的文化经济化过程，而且会影响整个社会。以输赢的极端反差为特征的"赢者通吃"竞争模式，正在扩展到其他领域：在教育市场上，形成了好学校和"问题学校"的极端反差；在婚恋市场上，有"赢者"和"剩者"的对立；在城市方面，繁华都市和偏远地区形成两极；在网络上的关注度市场，耀眼的明星对照着大批无名之辈。文化资本主义的产品对消费者产生的巨大吸引力，也体现在这些经济以外的领域中。文化资本主义就以这样的方式，对整个晚现代社会以及个人的日常生活产生了巨大的影响。

在 2008 年金融危机之后，有人认为西方经济应该重新专注于实体经济。[70] 他们所说的"实体经济"通常不仅指金融以外的领域。他们暗示，我们应该（也可以）回到过去的实体工业生产时期——回归体力劳动、功能性产品生产和理性定价，这些曾创造了"辉煌三十年"。考虑到近几十年来经济所经历的结构转型，这样的想法显得有些荒谬，或者纯粹就是怀旧。产业重心向两极化的服务业转移、认知 - 文化资本主义兴起，其特点是无形资产、知识性劳动、产品的文化化和独异化以及极端的市场格局，都是不争的事实。所谓的"实体经济"，被理解为一种坚实而理性的经济，它脱离了价格、价值评估、情感和未来希望的游戏，实际上这一点一直都是虚构的。[71] 特别是自从后工业的非物质资本主义成为经济活动的中心以来，这一点变得尤为明显，从此知识和经济、文化和经济、情感和经济之间的紧密关系变得更加紧密。认知 - 文化资本主义不是对"真正"的经济，即工业经济道路的可逆偏离，而是其继承者；它是更加扩张、更加极端的资本主义。它以其商品世界的情感诱惑力而闪耀，但同时也将市场赢家和市场输家之间极端的财富差距推向顶峰。后者尤其是一个严峻的挑战。与其梦想回到国家工业经济的田园诗般的时代，不如直面变化。

第四章　精疲力竭的自我实现：晚现代个体及其情感文化的悖论

让我去闯

我不想成为你的英雄

也不想成为什么大人物

只是想做个普通人，努力过好一生

在你的化装舞会上

我不想成为你炫耀的一部分

每个人都应有机会

与别人携手同行 *

年度家庭乐队，英雄（Family of the Year, Hero）

在晚现代社会，个体及其生活方式都陷入了一种根本性困境。这是当下文化论争中，一个广泛讨论的议题，到处都在哀怨阿兰·艾伦伯格（Alain Ehrenberg）所说的"精疲力竭的自我"。[1] 超负荷、过度努力似乎是晚现代主体的一个特征，而过度自耗导致的一些病症，如抑郁症、职业倦怠，以及心身疾病，成了这个时代的典型疾病。人们在研究社会问题时，着意将这场"自我"危机的根源与社会的宏大进程联系起来，例如资本主义或数字化。[2] 对于个体的自我审视，心理学和心理治疗也做出了贡献：晚现代是一种充满心理学因素的文化，不断鼓励个体进行自我审视和自我转型。[3]

然而，人们现在很容易忘记，自 20 世纪 70 年代新时代开创以来，"自我"文化就牵系着一种希望，即个体将挣脱令人

---

　　*　译者注：歌词翻译引自网易云音乐网页 https://music.163.com/#/song?id=28784401（查阅日期 2022 年 8 月 7 日）。翻译贡献者：Algae- 溥。

沮丧的工业化现代和其"小资产阶级"文化。主体要进一步解放，更会享乐，更感性，更有活力，注重"美好生活"和自己的需要，而不是遵循旧的自我约束标准。"自我实现"从那时到现在一直是引领这种进步型主体的口号。最晚自 20 世纪 90 年代以来，自我发展成了晚现代主体性的新标准，并与心理复杂性、消费资本主义、后工业劳动领域的各种要求，以及数字关注度文化的运作机制相结合，从此这种主体文化就越来越清晰地显示出多种顽固悖论。晚现代文化向个体许诺前所未有的主体圆满，并暗示个体有权实现这一点，却又总是让这种圆满如镜花水月，个体的现实生活——除了某些特定的高光时刻外——其实无法企及。

205 　　在这个背景下，情感的作用是最核心的。晚现代的主体文化，在某种意义上是一种极端情感化的文化。[4] 在所谓"积极心理学"的影响下，它一味赞颂"积极情感"，称之为生活的核心意义：满意、快乐、圆满、体验、享受、欢愉、兴奋、激动、轻松、社会和谐、娱乐、"深度"、共鸣，以及要在每一个（快乐的）方面，每一种可能上都发扬自我。这样一种积极情感文化现在是如此不言而喻，以至于人们很容易忘记，无论是 19 世纪的资产阶级文化还是占 20 世纪大部分时间的工业文化，更不用说欧洲早期的生活方式，如基督教或古代哲学所倡导的思想，向来都对情感持明显的怀疑态度。对情感不稳定性的传统看法，即不应该轻率地沉溺其中，在晚现代几乎已被一种倡导积极情感的文化所取代。生活中的情感表达，尤其是愉悦和积极的形式，已经成为晚现代生活方式的核心。

　　然而，这种以积极情感为中心的生活方式的矛盾之处在
206 于，它既无意识又系统性地以更强烈的方式产生消极情绪：失望和失落、超负荷与嫉妒、愤怒、恐惧、怀疑，以及无意义感。[5] 可以说，积极情感文化的底层是与之紧密相连的消极情

感的现实。然而，在晚现代文化中，没有化解这些消极情绪的正当场所，也没有被广泛认可的在日常生活中处理这些情绪的方法。因此，消极情绪会寻找"不正当"的表达方式。这些负面情感要么对内部产生自毁性影响，并表现为上述心身疾病，要么对外部产生破坏性影响，例如在社交媒体上的侮辱性言论，甚至像极端暴力行为（如校园枪击事件）这种形式的犯罪行为。鉴于这样的社会后果，似乎应该研究一下产生消极情感悖论的原因。但为此需要先了解晚现代主张"自我实现"的主体的本质特征及其外部社会条件。

从自律到自我实现

个体不是孤立的存在，而是社会的产物。只有在社会中，人的身体和精神两方面的基本特征才融成一个主体：一个彻头彻尾的社会生物，在理想情况下，能够内化特定社会形态所要求的能力、期望和心态。因此，心理架构也从来都是社会心理架构。这一点，可以从不同文化的历史主体形式之间的差异中看出：古罗马时代，社会塑造的"自我"架构——或曰"习性"（皮埃尔·布迪厄）——与古代中国社会的不一样，基督教治下的欧洲中世纪相比早期贵族社会、19世纪资产阶级社会相比20世纪工业化现代，所塑造出的自我都是不一样的。因此，在探讨当前这个时代的问题时，要先问问晚现代到底有什么样的主体文化或社会性格。今天的"人"与20世纪60年代（甚至是1900年或1800年）的人有何不同？要想详细回答这个问题，就要对现代文化进行全面的历史学和社会学研究。[6]在这个背景下，只需将20世纪70至80年代开始形成的晚现代"自我"与最近几个时代的"自我"做一番对比。

20世纪五六十年代生于西德的人，可能还记得工业化现代的主体文化。[7]其实这是西方社会的一个普遍现象。这种主体有三个特征：适应社会的原则、理性或对情感持怀疑态度，以及视自律和履行职责为理想。这一时期，美国是文化上的引领者，有三项针对美国的重要研究对这些特征做了详尽的分析。二战后不久，社会学家大卫·里斯曼（David Riesman）在其经典著作《孤独的人群》（*The Lonely Crowd*）中，将他那个时代的主体描述为"以他人为导向的人格"（other-directed-character），即外部导向自我。[8]与早期资产阶级现代的内部导向（inner-directed）特征不同，此时的"新人类"不再依据内化的价值观导向（在违背时通常会感到内疚），而是依赖自己身边不断变化的社会准则。工业社会的主体在行为上主要参照他的"同辈群体"（peer groups）：同辈的青少年、同事或邻居。主体以适应社会为导向，其目标是显示自己在社会性上是正常的。在这个时期，不合群或个性都受到怀疑。中产阶级教育孩子，也注意让他们不张扬，适应社会群体。越来越多的人进入大企业、电视机成为大众媒介，这二者似乎是形成外部导向人格的两个最重要的框架条件。

　　文化历史学者彼得·斯特恩斯（Peter Stearns）在《美国酷》（*American Cool*）一书中，描述了20世纪20至60年代的工业化现代主导的生活方式，即对情感普遍的怀疑态度。[9]在这一时期，人们理想中的主体是"冷静"、沉着的，能完全控制恐惧、悲伤、愤怒等不良情绪，也不会因欢快或乐趣而过度喜形于色。因此，这个时期的心理学倡导的是冷静、适应社会的主体。父母与孩子之间的关系也相应地强调冷静、理性。情感总体上被看作弱点，是不成熟的表现，总是容易让人难堪。不光是工作关系，连个人关系和亲密的私人关系，也要尽可能地"务实"。文化批评家大卫·布鲁克斯（David Brooks）在其著作《通向个性之路》（*The Road to Character*）中通过个案研究勾勒出了20世纪前半叶的理想主体形象，其目标是履行自己的社会义务，必要时甚至需要牺牲自我。[10] 在这种人格中，起主导作用的观念是，主体必须通过自律，不断地与自己与生俱来的消极面或潜在问题做斗争，以便最终履行自己的社会义务，并通过这种"强加"的义务找到个人生活的意义。

上述三项研究虽然在细节上略有不同，但共同勾勒出了同一幅图像，描述了在西方国家直到 20 世纪 60 年代末都具代表性的主体文化。它最重要的特征，就是不引人注目地融入社会环境，不放任情感，并通过自律履行自己的社会义务。自 20 世纪 70 年代起，这种主体文化开始隐退，让位给一种新的主体文化，即"自我发展"模式。

这种新型主体文化最初表现在"反文化"和亚文化圈子中，比如 20 世纪 60 年代的青年文化以及 1968 年以后的另类文化。然而，现在人们在西方受过良好教育的中产阶级身上看到的 21 世纪晚现代主体文化的表现形式，不是对 1968 年"反文化"的简单复制。它其实有着复杂的结构，是两种以前有过的、相对立的文化模式的结合：一种模式中的主体，要发扬自己全部的愿望和可能性；另一种模式中的主体，要追求崇高的社会地位，在其他人面前成功地表现自己。从文化史的角度来看，晚现代的主体中和了两种看似敌对的理想：一个是浪漫主义时代的理想——实现自我，它产生于 1800 年前后，在后来的反文化运动或亚文化运动中（从"波希米文化"到"反文化"）一再被重新拾起；[11] 另一个是"资产阶级"的理想生活方式，即追求社会地位，要有成就，通过加大投入来提高地位，这在 19 世纪盛行一时，直到今天在中产阶级中仍有人奉行。晚现代的主体希望并要求两者兼得：自我实现和社会成就。

自 20 世纪最后 30 年以来，"自我"在西方国家经历了深

210

211 刻的转型，其原因是什么？不可能将之归结于单一原因，其实它是文化、社会、经济和技术各方面因素共同作用的结果。[12]被广泛讨论的"价值观转变"，即从接受型价值观转向自我发展的价值观，首先与新中产的崛起密切相关，而新中产得益于教育普及和经济腾飞年代的财富增长。[13]"自我实现"价值观，在 19 世纪和 20 世纪初主要存在于艺术领域，受到小众人群和亚文化的推崇，现在，它通过新中产阶级首次得到了更广泛的社会基础，从而影响了整个社会。在经济领域，西方经济从工业资本主义转向消费资本主义，消费资本主义的基础在于，变幻无常的消费者为了满足情感需求和文化需求，不断消费物品、服务、媒体形式和活动。这一转向也推动了主体文化的转型[14]，并推动高技能者从事的劳动领域转而追求后工业时代的"新资本主义精神"，在它的影响下，人们认为劳动不再是为了糊口，而是为了获得意义和满足感。[15]自新千年以来，数字

212 文化强化了消费者资本主义，无所不在的社交媒体为主体提供了展示自我的平台，这是以前从未有过的。最后还要提到两个因素，它们都是由新中产的激情或曰个人兴趣推动的：一个是政治上的大环境转向"注重个性"的自由化进程，另一个就是"积极心理学"的方兴未艾。[16]

成功的自我实现：雄心勃勃的双重结构

积极心理学值得特别关注，因为当前流行的许多关于主体文化的概念都源于它。这种心理学比浪漫派哲学更进一步，将基于自我发展和"自我成长"的圆满生活的理想发扬光大。[17]亚伯拉罕·马斯洛，这一学派的早期代表、"积极心理学"这一概念的发明者，于 1954 年断言，原则上，人有两种生活道路可选：[18]要么服从一种缺陷需求动机（Deficiency-Motivation），要么选择增长需求动机（Being-Motivation）。

走前一条道路，需要平衡物质、社会和心理方面的缺陷，以实现养护、安全和接纳。因而，日常行为从来不是目的，而是实现目的的手段。后一条道路只有在基本需求得到满足之后才会显现在人们面前，它关注的是"存在"，即为了自我而实现自我。具有这样一种动机的主体，会去寻求独特的经验和体验，寻求马斯洛所说的"高峰体验"（peak experiences），它专注的不是实现目的，而是享受体验本身——不论是在工作中，还是在爱情中、游戏中，在大自然还是艺术里。积极心理学认为，天才般成功的人生，只有在第二种动机模式下才可能实现。而这种动机又与情感深度、"真实性"和创造力密不可分。

　　自我实现因而就是一种不寻常的哲学和心理学理想。自20世纪70年代起，它通过一些单个的亚文化进入社会主流，现在似乎成了不二之选：晚现代主体想要、也应该实现自我，除此之外还有什么选择呢？主体仿佛有权也有能力去实现自我。理想情况下，日常生活的所有方面都不应该（仅仅）是实现目的的手段，而应是目的本身，并且也会因此在情感上给人满足感，让人主观上感觉到有意义。业余活动是这样，比如旅行、运动、参与事务、参加活动；工作也是这样，工作不仅是保障生存这个外在目标的手段，而且应具有内在动力，要有意义而且让人有成就感；个人关系更是如此，包括伴侣关系、友谊、家庭，以及与之相关的所有活动。晚现代文化认为，工业化时代的理念是有缺陷的：工作就是为了挣钱，结婚就是为了服从社会的成规、为了繁衍后代，维持婚姻只是出于习惯，从事业余活动仅仅是为了从劳动中恢复过来。

　　在晚现代文化中，自我实现与"真实性"理想、"真实"的自我"真实"的生活密切相关。[19]这里的"真实性"意味着尽量在所做之事中不妥协地以"真实"的自我，包括愿望、情感和价值观为导向，即不要"和所有其他人一样"，而要表现出"独特"的行为。相应地，在理想情况下，职业要能够全面展现个体的天赋，寻找伴侣时，双方要觉得彼此就是最理想的对象，而在家庭中，父母和孩子要能创造自己的小天地，心理治疗和运动方式要完全贴合个人的身体和心理需求，政治议程要能给人完整的认同。

在追求自我实现和"真实性"的过程中，晚现代主体为自己生活中的一切元素赋值，并加以独异化。因为只有当主体做出相应的实践和活动，并在这些实践活动中按照自己的感觉"发扬"自己时，他才能感到在实现自我，有"真实感"。这需要不断为生活添加看起来有价值且独特的元素，这些元素在本质上要与"自我"合拍。赋值是指这样一个过程：个体超越目的理性，不再追求功能和效率，而是追求"宝贵"、有"价值"的事物，即追求本身就值得追求的事物——尤其是从审美（比如瑜伽隐修）和伦理（比如蒙台梭利幼儿园）角度来看。独异化是指，个体不再追求千篇一律和标准化的东西，而是追求个性的、独特而不可替代的东西——比如特定的街区和适合自己的工作。晚现代主体只有在独异性中、在能带来独异体验的事物中才能找到自我发展的机会。而某种事物只有能被当作独异之物加以体验时（而不是大众货或标准化产品），才显得"真实"。

晚现代"实现自我"的主体文化在根本上是一种积极情感文化。它培养情感（只要是积极的情感），而情感和主观体验则是衡量生活质量的标准。对此，马斯洛也早已用缺陷需求动机和增长需求动机做了区分：被前者驱动的人，一般在生活中不遵从情感。而在后一种动机的框架内，对生活有什么样的"感觉"才是最重要的，更准确地说，个体在每一刻体验到的"感觉"才是关键。对他们来说，"高峰体验"（即最高程度的积极体验）就是理想。当然，不可能每个瞬间都符合这一标准，但总体上每种生活实践活动都被放在这种标准下去衡量，看它们给主体带来了什么样的心理体验，主体以什么方式被"打动"，即情感上受到触动。如果某事总是引发负面情感，比如工作、伴侣关系等，那么它从根本上看似乎是个问题。但即使某事在情感上只是不咸不淡或者根本不会触动情感，也会令主体不满。理想情况下，生活的所有组成部分都应该引起积极情感——这就是"自我发展"文化的模式。

　　正如前文所说，除了这个向内、关注自我、"浪漫"的自我实现维度之外，还有第二个维度，给晚现代的生活方式造成了特有的矛盾性。晚现代的主体在某种意义上既是浪漫主义者又是资产阶级，作为后者，主体的目光投向社会，想要（并觉得应该）在社会上取得功绩和成就。为了获得、保持或改善某种社会地位，主体需要从事"有利于社会地位的工作"，在这一点上承袭了资产阶级文化。[20] 主体必须不断地有所作为，以优化自己的社会地位。为此，他们会投资各种"资本类型"（布迪厄）：经济资本，比如增加财富；文化资本，比如教育和技能；社会资本，即可用的关系网；以及身体和心理资本，包括保持身体健康和心理平衡。对自我实现的内在追求和对社会成就的外在追求，在晚现代主体文化中是不可分割的，实际上，社会地位方面的努力现在已经成了成功实现自我的外部条件。晚现代主体既不是嬉皮士也不是无政府主义者，而是现实主义者。他们知道，自我实现不可能（也不应该）通过反社会或脱离社会来达到，而只能（而且应该）借助社会提供的各种资本来达到。如果顺利，这些资本会给他提供自我实现所必要的资源：金钱、教育、能力、关系网、体魄、心态。因此，理想的主体不是远离尘嚣的浪漫主义者，而是积极入世的创造者和自我营造的活动家，他们精熟地运作各种资本，以求在生活

216

217

的各个方面得到满足和幸福。[21]

晚现代主体还有第三个关切。除了追求"真实性"和社会地位——在最佳情况下二者会促成成功的自我实现，他们还关注"表演"：主体希望（也应该）在别人面前显得幸福和"真实"，展示令人向往、丰富多彩又成功的生活。[22] 这就是"表演性自我实现"模式。典型的晚现代主体，会让人看见自己的美好生活（比如通过 Instagram 或其他社交媒体），并将之部分地或整个地转变为关注度经济中的独异性资本。[23] 换句话说：主体通过各种途径积累资本——有趣的工作、有趣的伴侣、旅行、社会活动——并以这种方式获得"独异"的名声，以让自己显得无可替代。晚现代主体要不断地进行"双重簿记"——对内，要做到真实的自我发展，对外，要产生真实的影响：我觉得自己这样够"真实"吗？别人会不会觉得，我在各种积极意义上是无可替代的？进行一次不寻常的旅行，在理想情况下会产生双重积极影响：一方面给主体带来有趣的主观体验，另一方面让主体获得过着一种与众不同的生活的声誉，让人觉得他们的生活非常吸引人。

因此，在晚现代主体文化中，求"真实性"的理想与追求吸引力的理想是结合在一起的。吸引力意味着社会的认可，表现为某人在情感上吸引别人。一般来说，如果主体循规蹈矩，是不会产生这种吸引力的，需要展现出让别人看得见的独特性。因此，这种社会认可就与以前工业化现代的不一样了。在工业化现代，人们只要规规矩矩地完成自己的功能就行：做好父亲、母亲，好好工作，或者在体育协会里当个好会员。那时的社会认可通常都是以"不带情感"的货币方式来回报的。晚现代社会给予吸引力的认可则不太一样。它某种程度上需要个体拥有一种独特的"魅力"，这种魅力源于个体的卓越：比如让主体"站在顶峰"的卓越的职业成就、不同寻常的业余活动、非凡的人生经历，等等。关键是，因为吸引力而受到认可，所得到的回报形式是积极情感，比如人们对影星或偶像那种着迷。体育比赛中光彩夺目的优胜者、明星博主、著名企业家、魅力无限的影星、发明家或活动家，甚至还包括"不走寻常路"、有着非凡人生经历的邻家女孩等，都是晚现代文化中的英雄。

自我实现文化是负面情感的发生器

我们已经看到，以成功和表演性自我实现为特征的晚现代文化是一种非常有雄心的自我文化。人们对它抱有最高期待，同时也对自己抱着最高期待，期望自己能实现最高目标。社会的期待和主体的愿望（当然也是被这种文化加以社会化的）合二为一，是其典型特征。晚现代的自我希望能"真实地"发掘自己的潜力，以获得主观满足，同时也希望别人能看到并认可其独特的吸引力。此外，这二者都是社会对于一种成功人生的期待，而个体也想要满足这种期待：个体应该真实并富有吸引力。晚现代社会为满足这些期待提供了多种形式：城市里的创新者和女强人、美满的家庭和媒体巨星、"湖畔别墅"和豪华游轮、政治积极分子和创意厨房的主人——到处都有现成的文化式样，矛盾的是，这些现成固定的样式让主体觉得自己能过一种不同寻常的，跟别人不一样的生活，而且是真正不平凡的生活——独异于他人的生活。

然而，很明显，在这种志向远大的晚现代主体文化之中，一开始就蕴含着失败的风险。当代人的主体性矛盾，它所面临的断裂和深渊，早已成为各种研究的对象，而且在艺术领域有着特别直观的体现。近年比较著名的例子有以下这些。梅格·沃利策（Meg Wolitzer）在她 2013 年首次出版的小说《有趣的人》（*Die Interessanten*）中，描述了一群大学生，从他们

219

220

在 20 世纪 70 年代夏令营期间相识写起，一直写到当代。她以令人印象深刻的笔触，描绘了那种若隐若现的不满，每个人希望的破灭，而书中人物却一直在一种友善的嫉妒中审视和评价彼此。更加直接而强烈的，甚至有些漫画式夸张的，是维吉妮·德彭特（Virginie Despentes）的三部曲《弗门丧歌》（*Vernon Subutex*），出版于 2015 至 2017 年，以巴黎一群中年新中产为主角（主要人物弗门，以前是唱片商，在书中处于无家可归的境地），小说描述了所有人陷入困境的生活方式。桑妮娅·海斯（Sonja Heiss）在她于 2007 年出版的第一部长篇小说《里米尼》（*Rimini*）中，描写了中年律师和心理分析师这样的城市知识分子，他们的希望已经化成泡影，却又重新发现了令人惊喜的人生机会。[24] 在这几个例子中，故事情节是以同龄人的人生经历为主线的。玛伦·阿德 2016 年的电影《托尼·艾尔德曼》（*Toni Erdmann*）的主人公，是一位繁忙的企业顾问，她的生活方式与她坚定但同时充满担忧的 68 岁父亲相互映照。汉斯-克里斯蒂安·施密特（Hans-Christian Schmid）2012 年的电影《家人之间》（*Was bleibt*），讲述了成年子女从大城市回小城市看望父母，引发了两代人关于平衡生活的问题。里查德·林克莱特（Richard Linklater）2014 年的成长类影片《少年时代》（*Boyhood*），以少年马森（Mason）的视角，细致地描绘了成年人历经十余年，苦心孤诣经营"成功生活"的历程。

从社会学的角度来看，可以更精准地分析晚现代主体文化在多大程度上是有内在结构性风险的。如上所述，这种主体文化的两面性体现在情感层面。对外，在耀眼的光环下，晚现代文化围绕着"积极情感"这头金牛起舞，同时，又暗暗地、无法避免地产生相当强烈的负面情感。这些负面情感根植于一种失落感，因为人们看到了理想与现实之间巨大的差距。晚现代文化产生的失落感，与一些强烈的负面情感紧密相联，包括不同程度的恐惧、悲伤或愤怒。晚现代产生的失落感主要受到六大社会文化机制的影响：浪漫主义－地位矛盾；社会生活中广泛存在的竞争；成熟的社会性攀比机制；"主观体验"脆弱的评价标准；"充分利用一切可能"的文化理想；用于应对负面情况的文化资源的匮乏。

　　浪漫主义－地位矛盾，是产生失落感的强大机制。新浪漫主义的自我实现理想与新资产阶级的社会成就理想结合在一起，晚现代主体表现出内在矛盾。当然，如果一切顺利，主观满足和社会认可会得到两全。但存在的根本风险是，这种架构会转而成为一种双重约束，可能会导致个体陷入对自身期望相互矛盾的困境。例如，如果个体极力追求自我实现——在工作、家庭、教育各个方面——就有可能损害自己的社会地位。而如果有人不顾一切地为自己的地位进行投入，以追求地位的稳固，那么迟早又会觉得自己错过了太多，失去了太多，根本没有好好发掘自己的潜能。浪漫主义和地位这对矛盾，在现代文化史上可以追溯到 19 世纪，当时的问题就是"当艺术家还是中产者？"[25] 有一些生活优越的中产者，想要去过自由自在的艺术家生活，有些艺术家又向往殷实的中产生活。在晚现代，这对以前只涉及相对狭窄群体的矛盾，成了影响整个社会的两难抉择。

　　产生失落感的另一个机制在于不断加深的社会经济化进程。这个过程从 20 世纪 80 年代就开始显现了。[26] 经济化不等同于商业化，它所指的其实是社会结构不断地、在更为根本的意义上转向竞赛和竞争模式，甚至在一些非商业化的领域也是如此。于是，在原本不存在市场的领域也产生了市场。为市场机制辩护的人预言，这将是双赢格局的扩大，参与其中的各方"只会赢"，而晚现代发生的社会经济化却经常产出且输且赢的

222

223

结局：输和赢不可避免地同时发生。最极端的情况就是赢者通吃或赢者多吃市场，在这些市场，极少数人收入巨大，大多数人则感到失败和沮丧。在这里，市场竞争与体育比赛相似，结果就是金牌获得者光彩夺目（至多再加上亚季军），对面是一大群无名的败落者。[27]

社会的这种市场化体现在许多领域。比如，在晚现代职场领域不仅在从事知识性工作的高技能者与从事简单服务业的低技能者之间存在对立，甚至在高技能工作领域内部也存在成功者和失败者之间的差距，这包括那些追求"成功的自我实现"模式的新中产。以前，同一行业、相同教育背景的人有可预测的职业生涯，如今日益盛行的是"且输且赢"格局。在医疗、法律、科研、新闻、建筑、信息技术和创意产业中，都可以看出这种动向。

此外，这种市场化方式，也延伸到了职场之外的领域，并在那里造成了胜利者与失败者相对立的格局。例如，在亲密关系领域，如伊娃·依鲁兹（Eva Illouz）深入研究过的那样，随着数字化交友平台的发展，男女在这些市场"推销"自己的吸引力，这样的市场在不断扩大[28]，胜利和失败之间的距离变得很近：一边是几个不断被追求的人，另一边是一些总被忽视或总是"陷在"不幸福的关系中的人。[29]此外，各种教育机构也热衷于攀比名校地位，一边是少数名校，另一边则是"中等"水平的学校，只有有限的竞争机会（虽然这些学校自己不一定总是知道这一点）。另外一个竞争激烈的领域是房产市场，特别是大都市的房产市场。在这里，一边是诱人的楼房，以及继承了好房子或拥有好房子的房主，另一边则是问题街区，或炒房行为的受害者。

总而言之：社会的经济化在分配生活机遇和获得满足感的机会方面，是非常不公平的，在"市场"上失败的人，不一定能得到合理的理由，以理解自己的失利。这种不公平经常会伤害失落者的社会公平感，因为他们觉得自己的成就和努力被低看了。市场的合理性本来在于"各人的幸福自己创造"，而当成功与失败只取决于偶然，或无法预测其走向的时候——在职场、婚恋市场、房产市场或教育市场——这一合理性就变得毫无意义。

　　失落感的产生，还因为无处不在的攀比技术而加剧。当然，人们自古以来就在互相比较，让－雅各·卢梭在他的第二篇论文（指卢梭关于人类不平等问题的论章）指出，不同收入、不同地位的人总在互相攀比，因而也就总是不满意，他将此看作现代文明生活中，"社会上的"主要问题。[30] 晚现代社会则以前所未有的体系性和强度，给个体之间的相互比较创造了条件，并同时使个体感受到社会比较的压力。数字技术——尤其借助图像——让他人的生活可视化，正是这种技术吸引人们互相比较：别人的度假旅行、别人的房屋装修，都可以通过几次点击在 Instagram 看到，而点击量和"点赞"的次数，就是衡量其受欢迎程度的方法。只要人们进入社交媒体并在那里留下足迹，就会被纳入这种量化的比较机制。除此之外，还有官方的榜单和排名，比如城市、大学和品牌的排名，以及媒体上谁都可以讨论的统计数字，关于收入，关于财产分布情况和学历分布情况等，所有这些都使社会性比较成为机制。[31] 在这种情况下，个体被鼓励不断地将自己与别人进行比较，不论是收入或学历这样的外在指标，还是自己生活方式的"吸引力"。就这样，社会性、文化性的细微差别也变成了可视的，这在工业化现代是完全不可能的。在工业化现代，人们主要比较的是一些当地的、近身的社会元素（居住地、邻居、家庭），而那时的大众媒体——除了对大明星之外——对别人的生活世界只做有限的展示。显而易见，长时间持续的对比容易引发失

226

落感，而失落感又会转化成悲伤甚至愤怒。尤其是"嫉妒"这种情感，是晚现代文化系统性生成的。[32]

227　　　主体的主观心理体验，以及晚现代个体在评价生活的各个元素时，所产生的或积极或消极的情感，在当下有着极高的重要性，产生失落感的第四个机制就与它有关。[33]"自我实现"文化让人的主观体验和心理感受变成了衡量生活是否幸福的重要指标，这在以前是没有过的。以前的生活方式强调生活质量，更多地注重客观的、"物质性"的指标：收入与家庭声望所代表的社会地位、摆脱困境、履行社会义务、服从宗教或传统等。在 20 世纪五六十年代的工业化现代时期，要问一个人过得好不好，生活是不是符合标准，是比较容易回答的。一份相对体面的工作、一个稳定的家庭、有教养的孩子、一定程度的舒适和一些休闲活动，就是可靠的指标。然而，自从主观体验、真实感以及追求"自我实现"的愿望变得重要起来以后，对生活质量的评价成了一件困难又复杂的事情，而且还不好捉摸、飘忽不定。

228　　　之所以如此，是因为即使外部范式都"正确"，积极体验也不会自动发生：成功的、有趣的职业，有可能在某一主体眼中无聊至极；在外人看来某个家庭生活得很美满，而当事人可能对生活有疏离感，或觉得自己很累。也许有人进行了一次探险式旅行，怎么看都令人羡慕，而本人却觉得那是一次彻头彻尾的灾难。况且，主观体验经常是摇摆不定的，会随着时间发生变化：职业、伴侣、居住地，以前是"完美"的，但可能经过一段时间之后，就渐渐失去了吸引力，却又无法立刻做出改变。持续不断的积极体验是很罕见的，但积极情感文化对不确定性却没有足够的理解。这一点，反过来体现为人们难以容忍事情还有两面性，在某些情况下，如果一种情感不能直接被判定为积极或消极，就有可能会被归到消极那一边去。[34]

晚现代，个体对自己内心的体验和感觉极度敏感，这当然也意味着个体对自己负面的反应和情感（包括其他人造成的"困扰"或"伤害人的"行为）也更加敏感，而在情感不那么敏感的文化中，他们是不会注意到这些的。如果说"变得敏感"意味着识别能力的增加，察觉和"感知"越来越复杂结构的能力的加强，那么对于那些不符合愿望的东西，人的敏感度也会提高：比如伴侣惹人不快的性格，工作上与同事的交往中有些说不出的别扭，身体上或精神上说不出的波动。随着主体的体验成为核心，它就会在一定程度上判定一个人生活得好不好，成功不成功，虽然享受幸福时刻的可能性增加了，但出现失望以及随之而来的哀伤、恐惧或愤怒可能性也增加了。

产生失落感的第五种机制，是晚现代特有的一种想法，即个体在"体验"方面应该尽可能地尽情享受、尽情品味生活的丰富多彩。在这里，发扬自我的模式与一种扩张式的、实验式的"自我"理念结合在了一起，成了人们衡量自己和别人的标杆。这种自我实现模式也意味着不断破除自我的边界。严格来说，自我实现有更多解读方式。它也可以意味着，每个人都展现出"独特的"自我，而一旦这个自我展现出来，即找到合适的形式和做法，自我实现就画上了圆满的句号，接下来"只需"再现。然而，对于晚现代文化来说，自我实现似乎是无止境的。在破除自我的边界时，自我实现就被放进了"不断升格"的模式。[35] 人们想要的是，永远不要满足于已经找到的生活方式，而是要不断挑战新的。[36]

与之共生的对"放弃"的反感也值得引起注意。在晚现代主体眼中，"放弃"是负面的，甚至是病态的。几乎有这么一条原则：在自己的人生中，凡是人类能够体验到的东西，都一定要体验。这样的准则，在晚现代的个人关系、伴侣关系、两性关系和家庭关系等私人和亲密关系领域都有典型的例证。一方面，这些领域比以前更加多元和开放，比如单亲母亲、同性伴侣、离异、不断更换伴侣，也都成为可能并得到了尊重。然而，在晚现代，那些在这些私密领域里故意不做出选择的人，会越来越受到歧视：例如一些出于宗教原因或个人原因（禁欲）而放弃性生活的人，坚决不与别人结成伴侣而宁愿单身的人，以及出于某种原因不愿生孩子的女性。这些人都会受到质疑，人们觉得他们没有发掘人生的全部可能性，也就没有"完整体验"他们的人生，因为发扬自我的文化给人这样一种暗示：难道不是每个人都应该寻欢作乐、有爱人相伴，而且至少要体验一次为人父母的快乐吗？破除自我边界使主体处于压力之下，他不得不尽最大可能体验自己的人生，哪怕突破了人生天然的界限。只让别人去体验，那是不够的。

造成失落感的第六个重要机制，是晚现代在应对无法避免的负面状况时，本身固有的缺陷。"无法避免"通常是指不受主体控制的事情，[37]麻烦的事情，或者负面的、痛苦的，一直没办法解决的事。关乎生存的事情就属于典型的这类情况，比如疾病和死亡，此外还有不幸、（自然）灾害或让人不堪重负的家庭关系。负面的困境还包括社会生活方面一些不幸的偶发事件，比如职场的不稳定性。总体上，现代社会的目标是消除负面的困境：社会的进步让这些负面因素变得多余。现代化就是要征服自然，包括来自自然的危险，现代医疗事业的目标就是消除疾病，这些都是典型的例子。对社会进程加以规划、通过社会福利控制生活风险，也是现代社会想要将生活变得可测可控、减少困境的机制。

虽然有这些控制和规划方面的努力，无法避免的负面情况显然还是不能完全被消除。现代社会在这个问题上一再撞上南墙。无法医治的疾病、无从改善的家庭状况、无法控制的市场走向，等等。耐人寻味的是，现代文化对于这些情形提供不了什么安慰。一方面，通过调控手段或优化措施应对这些情况（"抗癌""终身学习"等），另一方面，对于这些不仅当事人觉得没有意义，其他人也觉得无谓却又无法避免的事情，现代文化没有相应的模式、叙事或态度去处置。[38] 放在以前，宗教会发挥作用，给人们提供一些现成的工具，用以应对不幸。而在现在的世俗文化环境中，主体没有多少可用之物，只能多多少少有些绝望地承认自己的生活规划失败了——或者，因为自己的无能为力，而走上影射推诿的道路，为自己个人的苦难找到一个所谓的责任人（诅咒术的温床）。晚现代立足于一种要求很高的自我决策和成功人生模式，然而却并没有什么文化模式用以消除不可避免的负面情况，这是一种痛苦的体悟。

走出失落的螺旋？

在面对晚现代生活方式及其矛盾时，没有理由陷入文化批判的普遍失望情绪。毕竟没有哪种文化生活方式是不内含矛盾、没有缺憾的。此外，人们也不能忽视，西方社会在健康、饮食、居住、劳动时长和劳动保障、教育等方面已经达到了历史上前所未有的高度，尽管这些看上去都是些俗事，而且没有完全平等覆盖所有社会成员。[39] 然而，晚现代的生活方式志向过高，失落的风险仍很大。当然，失落感并不一定总是坏的。它可能会让人放弃一些期待，改变目标；它也能转化为更强的动力，让人通过另外的途径实现目标。然而，只要人们想要达成的期待还有很强的文化属性，并且各种努力又一再付诸东流，失落感就有可能引起强烈、持久的负面情感，要么是"对内"的悲伤（因为无法实现或失去）或恐惧（害怕失败），要么是"对外"的愤怒（因为不遂愿，或认为是某个人害的）。

持久的失落感有可能转化成抑郁或攻击行为。晚现代有很多抑郁问题和暴力问题，也就不足为奇了。[40]

要改变晚现代"成功的自我实现"的生活方式，有哪些办法？人们要怎样才能触发这样一种转变，转变可能朝着什么方向发展？回到传统的（小）资产阶级文化中所谓的稳定、朴素和理性的状态，既无法做到，也不可取，因此需要考虑对晚现代生活方式进行批判性的发展。从社会学的角度来说，首先应该关注那些可以直接影响社会方式的社会要素。可以对社会的经济化做一番检视，再确定有哪些基本的生活保障（比如医疗、住房和教育保障）可以通过国家调控（比如消除两极化劳动市场造成的尖锐的社会不公）提高其可预测性。[41] 要让社会去经济化，除了国家机关做出努力之外，也需要个人在自己的各种关系中付出努力。比如说变幻无常的婚恋市场和家庭状况，可以通过建立相互关心的长期关系去改善，这种长期关系不是随便就能"解除"的，可以减少人们的失落感。另一方面，政府机构可以更多关注个体想要实现自我的愿望，比如通过某种教育政策，帮助每个学生找到自己的独异之处，或者在职业领域采取措施，尊重每个人的特点和家庭状况，或者实行一种社会扶持政策，促进个体的独特性。[42]

然而，有一个事实不能忽视："自我实现"文化模式在很多方面不受社会调控或国家调控。虽然可以在不同方面调整外部条件，但能拿"自我实现"这种文化的心理内核怎么办？除了实现自我之外，还有其他东西吗？理论上，可以考虑两种策略，将来它们有可能破除"自我实现"文化，当前，心理疏导术就在讨论这两种策略：第一种策略注重自省，强调要承受矛盾冲突；第二种策略倡导远离自己的情感（消极的和积极的）。二者都可以被视作积极心理学的替代方案。

如果有一种生活方式，它不认为矛盾和困境是无法解决的问题，而是要被接受的事实，面对它们，人们退一步开始反思，那么这种生活方式可以从某些精神分析的观点中获益。与积极心理学不同，精神分析从根本上认为，个体的生活就是包含矛盾的，这些矛盾无法解决，更不可能朝着积极的方向发展。在现代社会也是一样。例如，精神分析认为，面对失落所产生的悲伤感并不是一种病态的情感，也不是需要克服的东西，而是一种可以建设性处理的情感。对于欢乐与现实之间的反差，人们无能为力（弗洛伊德），对"它我"（Es）与象征秩序之间的反差，人们也同样无能为力（拉康，Lacan）。从这个角度来看，关键是如何处理这些悖论。精神分析可以在这方面与社会分析合作，社会分析强调一些矛盾面的社会条件，从而使个体对自己的处境有更全面的理解。如此一来，我们可以认识到浪漫主义 – 地位这对矛盾和主观体验的衡量标准所带来的影响，但这并不是说我们可以通过这种方式完全解决这些问题。人们需要的是一种生活方式，在面对自己人生时，能够容忍事情的两面性，能够看到，现代社会对"进步"的崇信，无法直接反应在个体的生活中。[43]

　　第二种策略是，减轻晚现代"自我实现"模式对情感的依赖。我们已经看到，热情推崇积极情感，不可避免地会引发负面情感，而处理这些情感往往困难重重。那又何必要把感情世界当作生活方式的核心呢？资本主义文化，尤其是工业文化对情感持怀疑态度，针对这一点，晚现代文化首先强调了情感对人生幸福的重要性，这是可以理解的。但是，面对无法避免的失落和负面情感，晚现代却提供不了答案。那么就可以有这样的应对策略：承认情感的存在，但在生活中不要依赖它，既不放任负面情感，也不（这不容易做到）放任积极情感。

　　提出这样一条道路，显然会在西方文化中提高（经过西化的）佛教的吸引力，以及与之相关的心理学和哲学理念。[44]在这种语境中，人们认为主体痛苦的根源正是个人对情感的过分认同——积极寻求积极情感，极力避免、拒绝负面情感——以及对独立自我的理想的过分认同。其实，主体并不是非得把自己完全交给情感；个体可以退后一步，将情感当作多变的心理过程加以观察，知道自己的个人认同不是完全以情感为内容，也不是被情感决定的。这样，负面情感的力量就会遭到削弱。但是，与负面情感保持距离也有不好的一面，即积极情感也不再绝对，会"失去权威"，而它对于"自我实现"文化又是必不可少的。因此，这是个体从自己不可测的情感中解放出来的过程，这样来看，正如丹麦心理学家斯文·布林克曼（Svend Brinkmann）所强调的那样，西方佛教鼓励的是一种类似于古代斯多葛学派的态度。[45] 这种路径，需要人们客观地看待生活的不可控性。

以这种方式走出晚现代情感文化，对情感加以控制，与情绪保持距离，显然是一个巨大的挑战。要走出"自我优化"的文化，"忍受"矛盾冲突，同样是巨大的挑战。因为在这两种情形中，人们所要处理的远不止深深根植于现代文化语码之中的对社会"进步"和"通过个人努力就可以获得幸福"这一理念的笃信。可以将晚现代"成功的自我实现"模式看作"追求幸福"（pursuit of happiness）理念的更高理想版本，因为主体要在自己的人生中体验到整个社会的共同进步。然而现在，不仅整个社会层面上经济增长已经遇到了瓶颈，主体也肯定会触到"成长极限"。从这个意义上来说，一种不那么容易陷入失落感的生活方式，考虑到身心资源的有限性，将是更加省力和可持续的。

第五章　自由主义的危机与寻找政治新范式之路：从开放的自由主义到内嵌的自由主义

自 2010 年以来，在欧洲和北美国家，有越来越多的征兆指向一场触及根本的政治危机。严重来说，可以将之理解为：自由主义自 20 世纪 80 年代以来，一直贯穿着西方各种政治议程，现在它遇到了危机。这场危机最重要的表现就是世界范围内民粹主义的反击：这是一场多层面的运动，自称以"人民"的名义，反对自由主义精英及其在经济和文化领域的主导地位。

它主要表现为右翼民粹主义的反击，不过也有来自左翼，或者世界观上不易归类的群体的反抗。它在各个国家都有不同的表现：特朗普当选美国总统和英国脱欧是两个最引人注目和国际影响最大的案例。其他国家也有类似的动向：在法国 2017 年总统大选中，自由主义候选人马克龙险胜"国民联盟"主席勒庞；2018 年和 2019 年，"黄马甲"运动席卷了整个法国。2018 年在意大利，右翼民粹政党北方联盟和左翼（最宽泛意义上的左翼）民粹政党五星运动党组建了政府。对于欧洲中等大小和较小的国家来说，值得注意的是，匈牙利和波兰分别于 2010 年和 2015 年选出了右翼民粹主义政府。虽然迄今为止德国受到的民粹反击还相对较弱，但德国选择党的崛起和内部分裂引起了广泛关注。德国选择党在 2017 年的联邦议会选举中获得 94 个席位。反建制运动和反建制党派在不断崛起，这给长期以来包括社会民主派和保守派在内的稳定的政党体系带来了压力。西方民主国家似乎已经到了面对政治议程发展走向不确定性的时刻。

要理解当前的局势演变，我们必须将其置于 1945 年以后的西方政治历史的大背景中去看。我们习惯于将法国大革命以来的政治演变进程用"左"和"右"的公式去解读。根据这一公式，政治格局被看作是一种看似无休止的冲突，涉及（广义上的）社会民主主义（即进步）党派与保守党派之间的对立。因此，通常将政治历史主要描述为从政治谱系的右翼到左翼或反之的政权交替。这种公式被广泛应用于历史叙述：从由康拉德·阿登纳和路德维希·艾哈德领导的基民盟政府到威利·勃兰特和赫尔穆特·科尔的社会民主党政府（其中包括短暂的大联合政府时期）；从吉米·卡特的民主党政府到罗纳德·里根的共和党政府；从玛格丽特·撒切尔和约翰·梅杰的保守党政府到托尼·布莱尔的工党政府；从尼古拉·萨科奇的保守党政府到弗朗索瓦·奥朗德的社会党政府，如此等等。直到近十年，民粹兴起以后，人们才看清，这个通用的左右公式已经不足以让人们理解政治发展走向了。敏锐的观察者已经发现，自2010年以来民粹主义有一些"右"，也有一些"左"，而受到冲击的建制派在某种程度上同时具有自由主义、左翼和保守主义的特征。总的来说，建制派涵盖广泛，从伦敦和纽约的新自由主义银行家和经理人，到巴黎和柏林激进的布波族（Bobo），都属于此列。

不过我们并不是要给当前的民粹主义做政治上的归类。左右公式失去解释力，不是近年来的事，实际上，这一公式自1945年以来就已经无法完全解释西方国家政策。笔者的观点是，要恰当理解过去70年西方国家的政治发展，我们就得认识到，在这一左右之分的"底层"还存在一连串更为抽象的政治范式在起作用。它是这样运作的：每种统制全局的政治范式会各自在几十年的时间里决定政治话语和政府行动，而当它解决问题的能力被耗尽时，就会被另一种能够统制全局的政治范式取代。历史上前后相继的政治范式，都是从根本上回答一个问题：政治要以什么方式、在多大程度上建设社会秩序。重要的是，一种范式占主导地位时，典型的表现就是它几乎能够涵盖从左到右的整个政治光谱。换句话说，那些范式有偏左和偏右版本，都是某种全局性政治理念和施政方式的表现和实施，而这种全局性政治理念和施政方式的抽象根基，却被当时的人们忽视了。每种政治范式都会经历兴起、主导和衰落，这些与社会的总体走向是相关联的。在它主导的时期，仿佛除了它之外"别无选择"，它通过"可思可说的秩序"（米歇尔·福柯）决定了政治对社会及社会架构的设想，决定了以何种方式施政。在范式轮替时，主导地位被推翻，人们会开始就应该采用什么新范式进行根本性的争论。我们现在就处在这个过渡阶段。

242

这些听起来抽象，不过要具体说也容易：二战结束之后的时期，在几乎所有西方国家，都可以找到两种相继出现的政治大范式，基于截然不同的社会秩序理念。首先产生并占主导地位的是社会－法团主义范式，从富兰克林·D.罗斯福的新政（早在1933年就开始了）和北欧福利国家到康拉德·阿登纳和夏尔·戴高乐的保守主义都有它的影子。这种范式在20世纪70年代经历了严重的危机，并在80年代被开放的自由主义范式逐步取代。开放的自由主义体现在新自由主义的"里根经济学"、新工党，以及德国的红绿联盟政府。粗率地说，社会－法团主义范式在经济和文化方面注重调控和秩序建设，开放的自由主义则追求经济和文化的开放与整个社会的活力。自2010年起，开放自由主义范式显然陷入了根本性的危机，民粹主义的兴起就是其症状之一。现在的问题是，下一个范式是什么？我的回答是，有一些迹象表明，接下来可能会（并且应该）出现一种调控的、内嵌式的自由主义范式，它旨在对社会经济和文化进行调控及秩序建设，但在不同的社会背景下，采用不同的方式，与旧的社会－法团主义有所不同。

243

政治范式与政治悖论

我们先来仔细审视政治范式这个概念，我认为它是理解战后各国政治走向的钥匙。政治范式这一术语是由科学史家托马斯·S.库恩（Thomas S. Kuhn）针对（自然）科学历史提出的，我将之套用到了政治领域及其发展走向上。[1]库恩所说的范式是指解决问题的方式：当范式被证明能够解决问题时，会被接受，当它们无法再应对数量显著增加的"异常情况"时，就会受到批评或陷入危机。因此，在经历一段危机过渡期后，会发生范式转变，新的范式在一段时间内成功解决新出现的科学问题，直到这种新范式也用尽了自己的力量，被能够更好解释新挑战的下一个范式所取代。库恩认为，在一段时间内，实际上只有一个范式能作为"思想框架"占据主导位置，并得到几乎所有科学家的认可。每次范式转换都意味着一个新的开端，同时也是一次相对的进步。范式的历史就是进步的历史，其中有着可见的断裂，那就是老范式虽然已经退场，却没有完全失去价值的时刻。它仅仅因为已经过时，不再适用于新的局势而被取代。

在我看来，政治范式和范式的转换，与托马斯·库恩所说的范式有共同特征，虽然不能过度强调其相似性。我想将这一概念直接运用到社会语境，即用到所谓的西方那套自由民主的多元化（同时也是资本主义的）体系上。在1945年之后定义西方政治历史的政治范式也可以看作是问题解决的复杂体系，即处理社会问题时的话语和治理技术。实际上，政治领域确实把社会视为存在"问题"的领域——经济危机、不平等、分裂、疏离、暴力等问题都需要政治解决方案。政治范式总是产生于历史上特定的危机局势之中，并发展出自己的治理技术，将之作为"解决问题的方案"（福利国家、市场化、多样化，等等），并为此寻找支持，落实在政治实践中。一旦一个政治范式确立了，并在一段时间内从其支持者的角度成功运

作、主导了话语，甚至影响到原本的反对者，它就会显得不可
或缺，它在某种程度上代表了"唯一被承认的看法"，并成为
霸权。

但时代在变，新的社会问题又会出现，占据主导地位的
政治范式无法或只能部分解决这些新问题，最终也会因为这些
问题而失败。什么被视为"问题"，当然不是客观确定的，而
是被社会群体——媒体、政治运动、专家、选民等——定义
的，因此会出现相应的定义冲突。政治范式的确立与问题定
义一样，是一种权力斗争，是争夺最高话语权的斗争，也是在
各种行为群体和他们的集体利益之间分配资源的斗争。与库恩
的科学范式不同，政治范式不仅仅是在认知上解决问题的程
序，而且还是一整套规范：它包括价值抉择、价值对立，以
及关于理想价值的愿景。因此，它也拥有巨大的情感认同力
量。库恩的范式相对封闭，而政治范式则是更加多元化的，它
包含了各种各样的版本，也会偏左或偏右，这些版本之间甚至
会相互"敌对"，却又有着某些共同的看待问题、解决问题的
方式。

政治范式的转换，总是比简单的政府更替（从左到右或
从右到左）要激烈得多，深刻得多，即使有些政府更替会引发
或反映政治范式的改变，也经常在事后回顾才发觉。政党之间
"简单"的政府更替仅仅意味着范式的一个版本被另一个版本
替代，而政治范式的转变则意味着长期存在的政治理念和施政
方式被另一种全新的理念和方式所取代，后者会在某种程度上
遍布整个政策谱系。这种替代绝不是平和的，可能会引起科学
领域上没有的麻烦。自然科学理论试图解释的是大自然，它有
着不可改变的自然规律，但受到政治影响的社会却是变化的，
而且是通过政治的介入而变化的，经常会偏离预期。

这就要用到政治悖论这个概念。政治悖论是这样一个过

245

246

程，在这个过程中，一种政治范式正好因为它成功解决了某个时刻——我们称之为 t 时刻——的社会问题，继续自己的政策直到 t+1 时刻，却又造成了它自己无法解决的新的社会问题。当然，对于现代国家来说，社会变革是常态，一种成功的政治范式如果不改变，就肯定会在某个时候被超越。而在政治悖论中，正是政治本身因为其行为的非预期后果，创造了自己无法解决的新问题。

247

举几个例子：为了解决社会问题而建设福利国家，造成了"依赖文化"问题；新自由主义作为应对国家过度调控的方式，导致了基础设施建设的滞后和社会不公的加剧；多元文化主义政策是因为移民问题而引入的，却造成了平行社会；教育普及是为了解决教育不足问题，却一方面间接造成了"教育失败者"的产生，另一方面又催生了一批志向过高、不满福特式官僚机构习气的人。总的来说，一开始"合适"的政策，会因为自己造成的结果而不再适用。在某种程度上，这也是一种辩证发展过程：一种"合乎时宜"的施政形式发展到极致，到达临界点时迅速失去说服力，然后被一种在许多方面与自己相反的施政形式所取代，这种形式似乎能够解决问题——不过也只是在一段时间内。

具体到战后历史中的两种政治范式，可以这样分析：在1945 年之后首先取得巨大成功的社会 - 法团主义范式，最初极为成功地应对了过度工业化造成的社会问题和文化问题，但在 30 年之后，陷入了危机，在某种程度上成了自己政治悖论的牺牲品。开放的自由主义一开始成功地给僵化的社会带来了活力，却在 2010 年以后表现得越来越自相矛盾，预示着快要被替代了。以此为背景，在对政治走向进行更细致的分析之前，我还想再区分一下社会出现问题时的不同状况，同时区分调控范式和调动范式以及同一范式的左右版本。

问题状况和问题解决方案：调控范式与调动范式

如上所述，一种政治范式可以理解为对社会问题状况的回应。原则上，相关行动者和讨论可以将各种各样的情况理解为"社会问题"，要为之找到解决方案。然而，自 1945 年以来的政治范式发展中，每一步都至少存在三大类问题：社会经济问题、社会文化问题和民主实践问题。它们彼此相关，但不能互相归约。重要的是，在每个危机阶段——分别是社会 - 法团主义范式开始之前（在美国早在 20 世纪 30 年代初），在 20 世纪 70 年代社会 - 法团主义范式耗尽之时，以及自 2010 年以来，当前开放式自由主义的过程——都存在这三个层面上的问题。

社会经济问题包括经济危机（历经经济周期性波动一直持续）、长期的经济增长乏力、金融危机、长期高失业率、明显的社会不公、高额国家债务，以及创新动力不足。社会文化问题包括文化上的分裂、社会疏离、合法性问题以及严重缺少主动性。民主实践问题涉及政治体制本身的合法性和功能性问题，涉及自由民主体制的参与问题，以及政治秩序的效率。通常在危机爆发时，各个政治阵营都只会首先关注到这些问题中的一部分。主导范式通常会同时在三个层面或深或浅都陷入危机。反之亦然：如果一种新的政治范式想让人信服，赢得选民，并支配执政方针，它就必须在全部三个层面上找到解决方案，做出新的调适。

迄今为止的政治范式不能以左右公式来体现，所以就出现了一个问题，即怎样才能以另一种方式对之加以体系性描述。这样的体系化是有必要的，也会带来很多启迪，因为这样可以更好地理解当前正在显现的新范式的形成过程。我认为描述这种体系肯定是可以的，但必须找到比传统的左右之分更为抽象的出发点。从深层结构角度来看，迄今为止的各种政治范式相互间的区别在于，它们为秩序的建立和消解这一社会问题提供了什么样的答案，又如何回答社会边界的确立和消解问题。

从这个视角就能看清调控范式和调动范式是怎样前后相继的。在调控范式中，社会经济问题、社会文化问题（以及民主实践问题）都被理解为缺少社会秩序、缺少社会调控的结果。因此这种范式注重建构秩序的话语和施政技术，希望实现均衡。一直到 20 世纪 70 年代，社会 - 法团主义范式都占主导地位，从富兰克林·D. 罗斯福的新政到路德维希·艾哈德的"组织化社会"（formierte Gesellschaft）都属于这一范式。而在调动范式下，社会经济问题和社会文化问题（以及民主实践问题）则被看作过度集中调控、缺少活力的结果。于是这种范式就致力于开放，为了个人、群体和市场的自由，放松对各种秩序的管控，去除各种规整的架构，强调差异化和多样性。它要在社会上制造流动性，放开各种可能性。这也就需要放开各种边界。开放自由主义范式——包括新自由主义和左翼自由主义，二者都对全球化持友好态度——就是这样一种调动范式。可以推测，接下来的政府形式是另一种新的调控范式，但是考虑到社会结构已经发生了根本变化，新范式肯定不会再采用社会 - 法团主义的形式。

提出调控范式和调动范式，也给传统的左右分野提供了新的视角（见表 5.1）。需要强调的是，不论是在回顾历史，还是在着眼于当下和未来的发展时，左右之分的概念都绝非不重要。但它的解释力比以前通常认为的有限。如果调控范式与调动范式作为更加抽象的深层结构，具有了政治理念和政治实践的轮廓，那么不论左翼还是右翼，都会以不同的方式去具体填满这种轮廓。反过来看，左翼和右翼的概念也与这两种范式有密切的关系。左翼内部从一开始（实际上从 19 世纪开始）就既有"调控派"也有"调动派"，前者表现为中央集权式的社会民主主义，后者表现为各种左翼自由主义解放运动。

同样，在政治右翼（广义而言）也能找到这两种范式的代表：传统的保守主义强调调控和秩序，经济和市场自由主义强调活力。

表5.1 左右分野与政治范式

	调控范式	调动范式
左翼	中央集权社会民主	左翼自由主义
右翼	保守主义	经济自由主义

从这一视角来看，左翼和右翼各自的内部冲突也能得到解释。反之也能清楚地看出，调控范式和调动范式在以往各个具体版本中，都在广义上涵盖了左翼和右翼，但这也意味着它每次只能保护某些特定的左翼或右翼传统，其他传统则暂时退居次位。范式的深层结构被具体落实为左或右之后，产生的影响无疑是重大的。这些影响可以分为两个层面。政治范式是被解读为偏左还是偏右，取决于施政行为强调什么，是更注重公平还是不公平，以及是更注重传统生活方式还是非传统生活方式。因此，左派和右派会在同一范式内以不同的方式满足不同社会群体的利益及价值观。然而，历史上的社会－法团主义范式就有"阿登纳版本"和"勃兰特版本"之分，开放自由主义范式则有"布莱尔版本"与"撒切尔版本"之别。此外，借助左右之别，政治话语才能切实把握政治范式，才能将具体的社会理想和身份认同力量结合起来。范式只要还没有触及"用户界面"，体现为具体的左右之争，在某种程度上来说它就仍然是不直观的"编码"。而作为"编码"，它的作用又是通过"用户界面"实现的。

下面，我想按照这个解读方式，简要描述已有的政治范式的前后接续（见表5.2）。其中关键的问题是，法团主义的调控范式和自由主义的调动范式是出于什么原因而陷入了危机，这对当前的局势演变又意味着什么。

社会 - 法团主义范式的兴起

如上所述，直到 20 世纪 70 年代，西欧和北美有一种主流施政理念主导着左翼和右翼的政治行为，我们可以称这种理念为社会 - 法团主义范式。在西欧，它与战后民族国家的重建紧密地联系在一起。社会民主派和基督教民主派的政治崛起推动了这一范式。美国的情况有所不同，1929 年股市崩溃之后，发生了世界范围的经济危机，1933 年罗斯福当选总统，实行"新政"，是对这场危机的反应。罗斯福新政后来也成了社会 - 法团主义范式最有成效的国家版本。在西欧，斯堪的纳维亚地区的福利国家和"人民之家"的文化模式，联邦德国的社会市场经济以及"组织化社会"，都是社会民主派实施这一范式的典范。²

253

表 5.2　历史发展过程中的政治范式和社会问题

	应对社会经济问题	应对社会文化问题
1945 社会 - 法团主义范式 / 调控范式	凯恩斯主义 / 福利国家	"人民之家" / "组织化社会"
1970 过度调控造成危机		
1980 开放自由主义 / 调动范式	新自由主义	左翼自由主义
2010 过度调动造成危机		
2020 内嵌式自由主义？	新的经济调控方式？	新的文化建构方式？

社会－法团主义范式的结构性基础，是工业社会的充分发展，以及作为调控机关的民族国家足够的施政能力。其他前提条件包括整个社会的城市化，以及民众相对较高的文化均一性（与20世纪初大规模的移民进程相比）。在这一框架下，可以认为社会－法团主义范式是在回应20世纪三四十年代工业化国家的大范围危机局面，那时社会经济、社会文化和民主实践全都陷入了危机。在社会经济层面上，20世纪30年代初，全球经济危机造成失业率急剧上升，大量人口陷入贫困。当时，"社会问题"不断激化，凸显了国家在经济政策方面的软弱无能。同时，文化和民主实践两个层面上的危机也无处不在，人们认为那是一场"道德危机"：从农业社会向工业社会转型伴随着社会规范的"虚无化"，用埃米尔·涂尔干的术语来描述，这是一种失范状态（Zustand der Anomie）。这种失范状态的一个方面——有时是含有暴力的——是政治的极化，20世纪30年代，欧洲许多国家都出现了政治极化。在德国，它导致了体制的崩溃，导致了国家社会主义的专制体制。文化危机与民主实践危机是紧密联系在一起的：起源于19世纪的自由民主理念，在当时全面陷入了被动，遭到法西斯主义体制的挑战。

在这一危机重重的背景下，二战之后，社会－法团主义范式广泛确立，作为一种施政方式，它承诺（并兑现了）要对社会、文化和政治局势进行调控，重整秩序并遵守秩序。如前所述，本质上它是一种致力于调控的范式。[3] 在1945年之后，不论是社会民主理念还是基督教民主理念，都表现为建构秩序的综合性体系，其核心就是一个积极有为的国家。这些综合性体系最突出的表现，是经济秩序和社会政策秩序的建构。实行社会－法团主义范式的（民族）国家认为自己是调控经济的核心机关，自己的任务就是要管控资本主义体制及其内在危机，并将产生的财富平等地分配给人民群众。凯恩斯那种以需求为导向的、非周期性的经济政策——即凯恩斯主义——是此过程中一个重要的工具，用以规划经济，在市场不起作用时及时调节。同时，这种范式也致力于建设以再分配为手段的福利国家，为风险提供保障（医保、退休金），调控就业市场和住房市场，提供通识教育，保障基础设施。确保生活条件的相对稳定，是"平等社会"（皮埃尔·罗桑瓦隆）的主导方针。

256 　　但有一点不能忽视，社会-法团主义范式不仅是对经济危机的回应，也是社会建设的整体方案，它基于一个"大"社会的理念。在这种理念下，个体与社会的关系是互惠的，个体从社会得到支持和保护，自己也必须为社会做出贡献；在某种意义上，个体总是"欠"社会点什么。在这种范式下，除了国家之外，还有各种法团——包括主流政党、工会、教会、职业联合会、社区、学校、员工稳定的公司等——也要对个人嵌入社会负责。在社会-法团主义范式中，集体的一部分要被纳入社会，这在斯堪的纳维亚地区的"人民之家"和西德的"组织化社会"中得到了明确的体现。其结果，就是一个通过积极的政治手段扶持起来的扁平的中产社会，在这个社会中，文化差异和个性，以及"非正常行为"，通常包括违反父权社会秩序和核心家庭模式的行为，都会受到质疑。在民主实践方面，社会-法团主义范式立足于一种基本模式，将多元主义、基本权利保障，以及对"人民意志"的疑虑都统合到一起，促成了一种代议制民主形式，其广泛的民众基础在于主流政党和各种联合会。作为战后民主模式，它受到了两方面的深刻影响：一方面是法西斯主义及其暴力群众；另一方面是与实行国家社会主义、反对多元化的东欧各国的对抗。[4]

257 ## 过度调控的危机

　　在长达几十年的时间里，社会-法团主义范式被看作不二之选。20 世纪 70 年代，它陷入了根本性危机，最终被另一种范式取代。在这个时期，社会状况发生了剧烈变化，这些变化不仅受政治本身的影响，有时也与政治无关。这种变化是如此剧烈，以至于到了最后，需要解决的社会问题之多，超出了这种范式的能力范围。引人注目的是，在这一时期，两种危机——经济危机和文化危机——同时发生，二者都可以看作社会过度调控造成的现象。当时爆发了严重的经济危机，1973 年的石油危机使之更加严重，动摇了人们对经济可调控性的信心。在经历了 30 年的高增长率和繁荣之后，经济陷入了严重的停滞，导致失业率、通货膨胀和国家债务全部升高。"国家失效""危机管理的危机"［克劳斯·奥菲（Claus Offe）］，这样的论断开始被普遍接受。与此同时，发生了一场看似与此无关的文化合法性危机。1968 年，发生了反对权威的大学生运动，接下来，青年知识分子又发起了声势浩大的反抗成规的"另类运动"（alternative Bewegung），表达了青年人，尤其是受过良好教育的青年人，也就是未来的职能精英们一种深刻的不满——对调控之下的"体制"的不满，认为它除了带来了公平之外，还造成了千篇一律，造成了墨守成规。

　　深入探究就会发现，这些危机的根本原因是社会发生了深刻的转型，使得社会 – 法团主义失去了"立足之本"。在经济方面，工业化民族国家的发展在 20 世纪 70 年代达到了极限。[5] 在战后时期结束后，工业生产陷入了饱和危机；去工业化与后工业化两种趋势同时加强。随着后工业化进程，即知识经济和简单服务业逐步兴起，工业社会的结构性基础也在消解，工人阶级首当其冲。福特式大企业的大批量生产曾是经济增长的引擎，此时达到了天花板。在经济领域，越来越多的后福特式组织形式建立起来。同时，生产活动日益全球化，这个进程自 20

258

世纪 80 年代开始更加剧烈。这样一来，民族国家经济政策的调控职能就在许多方面遭到了削弱。不仅如此，经济高速增长的时代结束，福利国家的发展也触到了边界，只有通过更多的国家债务才能继续维持。

与社会经济转型同时进行的，还有社会文化的转型，这也同样动摇了社会－法团主义范式的根基。西方国家的价值观发生转变，掀起了一场深刻的文化自由化运动，推崇个人主义和独异性，排斥人与"平等社会"的相互义务。尽职尽责、融入社会这样的传统价值观，被"自我实现"价值观所取代，在这种价值观看来，传统工业社会的制度限制了个人自由度。"六八运动"和反文化运动只是这场文化转向的先锋。简单来说，"人民之家"不再是家园和保障，而是专制机关，人们要将之抛在身后。相应地，许多法团（主流政党、工会）也无力再给人认同感。受益于教育普及的高技能新中产阶级是这一文化转型的主力军。与文化转型同步，消费型社会的规范和愿望也都形成了机制。与此相应，自 20 世纪 70 年代以来，钟爱消费的中产阶级（和上层阶级）越来越不愿意为公共事业支出，于是福利社会的再分配也就渐渐失去了合理性。此外，在 20 世纪 70 年代，民主实践也到了危机的关口：人民群众组成强大法团的基础，代议制民主就基于这样的法团之上，而到了此时，随着世界范围的学生运动，批判思潮对这一民主模式也提出了挑战。发生了一些"新社会运动"，比如妇女运动、生态运动、市民倡议等，它们要"自下而上"为一些一直被忽视的政治议题发声，即一些新的、关注生活的议题，并且在发声的同时要求更多的参与权。

社会－法团主义范式并没有直接促进经济的后工业化，也没有直接推动文化价值观的转型。这些变革是依靠自身的动力发展起来的，它们使政治面临新的结构，政治不得不通过范式

260

转换来应对这一挑战。这就是政治范式的悖论之一：社会－法团主义范式无意中为它的后来者创造了基础，而在一段时间后，它自己似乎变得过时了。在经济层面、文化层面都是这样。战后，各个工业化民族国家都追求财富增长，这耗尽了民族工业产业的生产潜力，也使一种后工业化的、不断全球化的经济结构成为必须（这也是资本主义本身固有的升格逻辑所要求的），这样才能在生产方面保持增长，在消费方面满足新的、更高级的需求。这种发展趋势，与推行教育普及的政策相结合，催生了新中产阶级，他们对自己有着不断拔高的要求，希望实现自我，喜欢为生活消费，在政治上对传统的社会民主派和基督教民主派持批判态度，不想再遵从自律保守的"组织化社会"文化模式。总的来说，过度调控导致的危机日益显现。战后的调控范式在 20 世纪 70 年代中期耗尽了自己。起初，为了建设社会秩序，这个范式是合理且必要的，后来它转而变成了过度调控，既在经济上妨碍了转型，又在文化上限制了个人的发展。[6]

开放自由主义范式的兴起

261

自 20 世纪 80 年代以来西方社会发生的政治范式转型，经常被描述为新自由主义的兴起，取代了传统的社会民主时代，也是政治上从左向右的轮替。但这种解读方式只说中了一部分真相，事实要比这个更复杂。首先，正如前文所指出的，20世纪 50 至 70 年代的调控范式不仅只是社会民主主义导向的，其实社会－法团主义的执政实践覆盖了中左到中右的政治光谱。它不仅包括凯恩斯的福利国家经济模式，还包括一个以共同体和集体为导向的文化模式，这个文化模式也可以解读成一种保守的文化模式。因而，自 20 世纪 80 年代起，社会－法团主义范式并没有被纯粹的新自由主义（Neoliberalismus）取代，而是在较长的时间内，被一种新式自由主义（der neue Liberalismus）的两翼取代了，这两翼一个偏右，另一个偏中左。在这里，新自由主义与进步自由主义或称左派自由主义并立，后者发端于 20 世纪六七十年代的公民运动。如果将过去 30 年里占主导地位的新式自由主义单纯理解为新自由主义，可能会低估它的影响力。它的影响力来自两翼，虽然两翼的成员彼此并不信任。[7]

262

开放自由主义的兴起，是通过工业社会向后工业社会的结构转型以及（经济与社会文化的）全球化进程和文化价值观的自由化转型实现的。同时，这一新的政治范式又是上述转型的推动者。几十年的时间证明，这种新式自由主义的社会结构有一个相当确定的核心群体，即生活在大都市的、同时地域流动性又很强的高技能中产阶级。[8]他们中有一部分持新自由主义理念，另一些倾向于左翼自由主义；还有一些人兼具两种倾向。

这一新式自由主义范式及其实现方式，有一些贯穿性的特点，就是总体上要放松调控，要调动活力，开放固化的社会结构。在历史上，自由主义有许多变种，这里涉及的是一种可以称之为开放自由主义的变体。调控范式被一种调动范式取代了，这一点确定无疑。新自由主义要放开市场，放松国家对经济和社会的调控，而注重社会和政治的左翼自由主义则注重放开身份认同，让个人和文化群体拥有更多权利。在社会 – 法团主义范式中，国家的作用是建设并调控秩序，必要的时候不惜违背市场规律，违背人的个性。而自由主义的两翼则认为国家只能具有工具性职能：为市场提供空间，保障个人的主体权利，保障特定群体及地方性集体的权利。

263

抽象地说，社会 – 法团主义理念基于两次大战的教训，强调树立边界，以保证社会秩序的稳定，并与民族国家紧密结合；开放自由主义的历史背景则是 20 世纪 70 年代，追求跨越边界、消除边界。因此，可以理解，20 世纪 80 年代开始的全球化进程就是被这种新型自由主义推动的，既是市场的全球化，也是文化和文化认同的全球化。新自由主义与左翼自由主义这一对时常反目的"兄弟"，就是调动范式的两个结构性侧面，也是推动全球化进程、反对国家主义、坚定追求个人主义的两个侧面。差异化政策取代了均等性政策，新自由主义和左翼自由主义也是这种政策的两个侧面，一方面，鼓励市场上各个竞争者之间的差异化，另一方面，在文化上鼓励个人认同和群体认同的差异化。通过二者的共同对手，即僵化的、敌视自由、集体至上的社会－法团主义范式，就可以看出二者共有的本质特征。

众所周知，新自由主义政策是在 1979 至 1980 年的时候，随着英国的撒切尔和美国的里根当选执政而开始实施的，这一政策在思想上受到了新自由主义经济政治学说的影响［弗里德里希·冯·哈耶克（Friedrich von Hayek）、米尔顿·弗里德曼（Milton Friedman）、加里·贝克尔（Gary Becker），等等］，后来各社会民主党派也迅速发展出其他版本。新自由主义的特点大家都了解，用鲍勃·杰索普的话来总结就是"熊彼特式的竞争式国家"模式取代"凯恩斯主义的福利民族国家"模式[9]。竞争式国家对问题进行了重新定义：它以全球资本主义和"世界市场"为出发点，将国家、城市、企业、员工置于永久的竞争环境之中。这样，经济运行的根本动力就已经有了，而国家政策则只能保障并促进竞争能力。根据熊彼特的观点，创新和经营意识是核心要素，能在竞争中不断创造新的优势。以创新为导向还意味着扶持后工业经济。新自由主义政策却并不满足于提升已有市场的竞争能力，对以前没有参与市场规律的其他领域比如基础设施建设、住房、教育和文化领域，

265 它也积极地推行市场化。新自由主义的基本理念是，市场那只自主运行的"看不见的手"是提高效率、增加创新和财富的最佳工具。于是全球化金融业也开始去调控化，还系统性地降低了所得税和资本税。新自由主义还对就业市场和福利国家的结构进行了调整，简要地说就是将社会福利（welfare）变成工作福利（workfare）。社会民主派，如克林顿政府、布莱尔政府和施罗德政府，所持的新自由主义理念尤其注重改革社会福利，支持将社会保障并入就业市场。

20 世纪 80 年代兴起的左翼自由主义关注社会政策，虽然它的历史根基与新自由主义完全不同，却成了开放自由主义范式的另一个侧翼。美国民主党的转型是左翼自由主义兴起的代表性事件，作为民权运动的结果，一直因为"身份"而遭到忽视的群体的政治关切，被积极地推到了政治的核心议题中。在政策上，人们追求的理想社会不应该再是平均主义、均一同质的，而是文化多样性的社会。[10] 受到忽视的群体树立了自信，

266 关于他们的身份政治在很多方面都只是美国特有的现象，但西方的进步自由主义却超出了美国的范围。正如新自由主义激进地发展了传统的经济和市场自由主义，进步自由主义也激化了自由主义的基本原则，即每个个体都可以在其他人面前、在国家面前强调自己的主体权利。因为主体权利似乎没有得到充分实现，所以左翼自由主义主张一种政策，以求全面系统性地实现并扩大主体权利，为个人"赋权"（empowerment）。[11]

就个人作为权利主体这一点来说，这种思想同时涉及普遍性和特殊性范畴。自 20 世纪 70 年代以来，在人权思潮不断兴盛的背景下，人们认为所有人都应该拥有平等的、普遍的权利，同时，左翼自由主义又发展出一种特有的意识，认为要维护个人的特殊性。劳动关系方面的权利是社会 - 法团主义特别关注的，左翼自由主义不仅在这方面十分活跃，而且尤

其注意那些个人因为其社会文化身份而得不到认同的情况。男女平权可能是左翼自由主义的所有关切中影响力最大的，此外它也维护性少数群体、少数族裔群体、残障群体（社会包容）的权利，以及地方性群体的权利（比如支持他们反对国家规划），此外他们还支持一些间接权利，比如自然生态保护运动。

　　左翼自由主义主张的社会模式有两个基本思想：扩大个人对社会的主体权利，以及社会的文化多样性。通过实现主体权利——包括文化性群体的权利在内——能够建设一个自由、多样的社会。在多样性作为正面价值的语境下，左翼自由主义者也从原则上积极评价移民潮和在国家社会中形成多元文化的局面，而这些情况破坏了国家文化的同质性。

　　自 1980 至 2000 年，开放自由主义与一种特定的民主实践方式相对应。[12] 形式上，这一实践方式与上一个范式没有区别，只是不再有体制之争，因为 20 世纪 90 年代东欧的人民民主体制解体了。然而，在形式结构之外，政治体制还是发生了变化。它本来以国有法团和全民政党为基础，现在这个基础衰退了，国际性力量占据了重要地位：国际机构及其经济学专家（例如世贸组织、世界银行、欧盟委员会）成了重要的决策者，全球性非政府组织影响着政治议程（尤其是在环境和气候政策方面）。在国内政治方面，政治与经济、政治与权利的紧密结合成了决策时的重要因素。诸如公私伙伴关系这样的政治经济联合形式也变得越来越重要，司法机关对政治的影响力也在增加，它通过里程碑式的判决，日益从法律的应用者转变为法律的制定者。因此，开放自由主义的民主制度摆脱了民族国家的"民众"（demos），转而与超国家和亚政治力量结合在一起。

267

268

开放自由主义的三重危机

越来越多的现象表明：一段时间以来——明确地说自 2010 年以来——开放自由主义范式也陷入了危机，其发展与社会 - 法团主义范式的衰落相似。曾经强大的、积极建设社会并面向未来的治理实践，现在制造的问题比解决的问题更多，而且人们也都看到了这一点。（右翼）民粹主义将这种范式的危机展现在公众面前，让它在政治上变得很迫切，但民粹主义只是这种范式危机的一个症状，既不是原因，也不会是长期的解决之道。总的来说：一方面，开放自由主义政策导致的意外结果及其悖论越来越多地显现出来。另一方面，工业化现代向后工业化现代的转型（后工业化现代同时是一个独异性社会）也具有一些同样存在问题的特征。这些问题可能不是政策直接引起的，然而在开放自由主义范式中，显然无法得到有效解决。

如果我们将开放自由主义的危机放在范式及范式转换的背景下去解读，就能看清两点：其一，危机不是灾难，而是正常现象。整体性的政治范式在面对变化的社会时，注定只能在一段时间内灵敏地应对问题。在某个时刻，社会的结构转型会超越它，这就需要重新定义问题、解决问题。在 20 世纪 70 年代，社会 - 法团主义范式面临过的这一问题，现在又重现了。政治范式的危机也（尚且）不是体制的危机。但这种危机会触及问题的根本定义和解决，并将政治舆论推向一种不确定性，引发不安情绪，也可能会造成严重的政治冲突。范式稳定时期与转换时期的区别在于，在范式稳定时期，基本的思想框架相对稳固，而在转换时期，思想框架则成了要被审视和处置的对象。在 20 世纪 70 年代，范式转换时期的政治冲突——有些评论家似乎已经忘了——也是很剧烈的，甚至在德国和意大利发展到了左翼极端恐怖主义，在英国发生了政界和工会的对抗。我们现在处于一个新的"正常"但充满冲突的范式转换阶段。这个过渡阶段政治论争的特点就是，迄今为止的主导范式实施的政策都遭到了深刻的批评，仿佛它们都是完全错误的。但这些论争都缺少历史意识：一种政策只适用于一种历史局势 n，但在 n+1 局势中就不适用了（但这并不会降低其历史地位），在范式转换时期围绕将来的政策博弈的冲突局势中，人们却总是注意不到这种政治悖论。它一般只在长远的历史社会学视角中才会显现。

还有一个层面变得明显：这是社会经济和社会文化的双重危机，二者进而转变成了民主实践危机。只有当我们认识到这一点，才能理解开放自由主义的危机。社会－法团主义范式确立和衰落之时，这种危机组合都是存在的。但将三种危机视为一体似乎并不容易，这可以从当前的危机讨论中看出。在这里，左右公式是一个障碍。自 2008 年金融危机以来，左翼一直在详细讨论新自由主义的弱点和问题，以及社会经济危机的特征，却对文化层面上的危机所知甚少。相反，右翼则提出了左翼自由主义的诸多弱点和问题，以及社会文化层面的特征，却系统性地忽视了社会经济方面的危机元素。然而，我们必须要认识到这是社会经济、社会文化和民主实践危机的组合，这样才能着手研究合理的解决方案和相应的政治范式。

我们仔细来审视这场危机，看看它的复杂结构。首先，它无疑有一个社会经济维度。新自由主义、市场的全球化以及知识经济的兴起，给了经济一股新的动力，但 2008 年的金融危机严重地暴露了它们的消极面：放松调控、去除国家的控制机制，将金融市场引到了崩溃的边缘，最终在许多情况下严重激化了国家债务问题。例如，我们可以看到，脱离了国家监管的市场行为变得完全不可预测。新自由主义的税收政策，是偏向个体消费者的大规模减税，它同时催生了超级富豪这个小群体，他们的收入和财产都达到了前所未有的规模，使得社会不公达到了一个新的高度。[13] 在很多方面，新自由主义政策导致了对一般公众服务的忽视，例如交通、教育、健康、住房等社会基础设施建设。社会的市场化在很多时候不会让社会变得更有效，而是会让公共设施得不到维护。在大都市，特别是住房的市场化已经在社会空间分布方面造成了严重的不公平。总体而言，新自由主义陷入了一场去调控化危机，这场危机的根源在于社会和国家对市场缺少调控。

272

除了新自由主义政策的直接后果之外，工业社会向后工业社会转型过程中一些根本的问题面也显现了出来，新自由主义自己显然没有意识到也没有措施去处理这些问题。其中一个关键问题是扁平中产社会消解，在经济和文化层面和社会空间分配上，都向着极化的社会结构发展。[14] 在经济的后工业化进程中，西方国家的生活世界发生了分裂，知识新中产与贫困新底层两极分化，二者之间是数量不断减少的老中产，他们中有一些在努力维持社会地位，有一些人的社会地位会降低，文化上也会遭到贬值。新中产阶级作为开放自由主义的支持者，坚守着通过全球化、个性化和后工业化实现社会进步的理念，而边缘阶层和部分老中产阶级则面临着失败的风险。高技能工作与低技能工作、学术教育与非学术教育、进步社会与失败社会的形象，这些方面的两极分化，与空间上的不平等相对应，一边是新兴大都市地区，另一边是"被荒弃"的农村地区。但将新自由主义看作这些社会变化的罪魁祸首，不免太过操切了。虽

273

然它间接造成了这些社会变化——比如一方面推动去工业化，一方面推动了城市知识产业集群的形成——但在本质上这是一个经济、文化和社会结构的发展过程，具有自己的内在动力和内在复杂性。关键是，新自由主义思想不能或者不愿意在这个过程中施加调控性影响。

　　开放自由主义的这场危机还有一个文化维度，这主要与左翼自由主义的影响有关，现在也正在被广泛讨论。狭义上，这场危机涉及多元文化主义政策和身份政治，而在更为广义和根本的意义上，涉及在一个"过度自由化"的社会中个人与社会之间互惠关系的消解。自 20 世纪 80 年代以来，西方国家的移民潮与自由主义的多元文化政策相结合，遭到了诸多批评，被认为导致了移民国家的文化分裂现象，连左翼自由主义内部对此也有自我反思的声音。自由主义的身份政治为受歧视的社会群体提供了获得集体自觉的机会，使他们能够强调自己参与社会的权利，并要求尊重他们的文化传统，但同时引发了这些群体在文化上自我隔绝的风险，让他们有可能形成种族或宗教文化"社区"。这种态势，现在在一些地方激发了"白人"身份政治。"文化融入"的必要性一直是多方讨论的主题，自 2010 年以来，相关讨论都指出，迄今为止的自由主义政策在这方面有缺陷。[15]

　　然而，关于"权利自由主义"的根本问题更为深刻，这就引出了上述两个问题中的第二个问题，自 20 世纪 80 年代起，哲学界关于自由主义的广泛论争（特别是罗尔斯式的自由主义）就在谈论这个问题。在这些论争中，所谓"社群主义"和"共和主义"的支持者反对（左翼）自由主义，认为自由主义通过看似中立的社会机制（比如法律），让个人（和群体）自己去实现意愿和主体权利，然而这却需要一些社会文化结构作为前提，但自由主义不但没有能力制造这样的前提，自己有时甚至还会损耗它。[16]

　　此间，社会的现实发展已经超过了哲学讨论。在独异性社会中，对于自由主义所主张的扩大主体权利，人们全心地予以接纳，并将自己转变为"追求平权的主体"，提出一些看似很自然的要求：作为公民的权利、作为消费者的权利、作为从业

274

者的权利、作为企业家的权利、作为学生的权利和作为婚姻伴侣的权利，等等。成年公民解放自己，强调权利，一开始是件受人欢迎的事，而在晚现代文化中，却可能会变成个人对抗建制机构的自私行为。这种风险现在能看得很清楚：这些建制机构承载着一套规范，以保证个人与社会的相互义务，如果个人坚持要实现自己（个性化的）愿望和权利，而认为这些规范和义务限制了自己的个人发展空间，这套规范就会变得越来越薄弱。晚现代文化最后有可能会导致文化的根本性分裂，其深刻程度远远超出了移民融入的问题。

自 2010 年以来，可以发现在数字世界的社交媒体上，沟通变得越来越凶暴，对此人们也有很多怨言。这是共同生活的规范作为一种文化共识遭到破坏的有力证据。当然，这些状况不能全怪自由主义的主体权利政策。思维方式和媒体技术的发展都有自己的节奏。但是，自由主义的主体权利政策在抵抗文化解体的过程中表现出无助，这类似于新自由主义政策对市场的无能为力。开放自由主义的危机因而也是一场去调控化危机，而且这场危机是因为在文化方面缺少调控造成的。

社会经济危机和社会文化危机还与第三种危机紧密联系在一起，即晚现代民主危机。[17] 这一危机对自由主义者以及支持自由主义的中产阶级来说，都是有些意外的，但问题已十分明显，而且早就暴露出来了。这场危机的信号不仅有民粹主义，还有多年来不断下降的投票率，这说明越来越多的民众对自由主义民主机构失去信任。很显然，政治体制面临着合法性危机。[18] 这种情况的原因之一显然是，开放自由主义这种主导范式多年来已经起不到解决社会问题和文化问题的作用了。此外，自 20 世纪 90 年代以来，政治体制的机构调整，让人们进一步丧失了对它的信任。国际机构和司法体系权力泛滥，双双脱离了民主的控制，在经济方面，专家们也指出了一些切实存在的困难，所有这些趋势都让自由民主制度"去民主化"了，也就是说重大的政治决策事实上已经不由议会和民选代表做出了。人们为了"重新夺回决定权"，在无奈之下以同样的手段回敬，对几件大事进行了全民公投——比如英国脱欧。

　　还要提到另外两个令人对自由民主产生不满的情况：大约自 2010 年起，在数字媒体上已经出现了一种快速、尖锐且高度情绪化的意见和意愿形成方式，它有自己的节奏和规律，与传统的自由民主机制只能有限地同步。传统政治在各种决策和讨论中似乎总是落后于数字公共话语。此外，在国会和人民群众之间，也出现了一个代表力的问题：社会－法团主义时代，主要依靠工会这样的联合性组织来代表各个圈层，如今，学者在议会里越来越占主导地位。[19]绝大部分议员（不论持哪种政治立场）都属于知识中产阶层，因此，人民代表与大部分人民群众各自的生活世界存在不一致。

症状：民粹主义

　　自 2010 年以来，（右翼）民粹主义运动与政治体制的对抗日益加剧，它认为自己是开放自由主义危机的解决之道。当然，这一运动的地位，只有当它成为历史之后才能完整地加以评价。在我看来，民粹主义并不是能够长期取代开放自由主义的、新型的整体调控范式，而是自由主义危机的一种症状，也是在这个旧范式失去合法性，新范式尚未形成的冲突性过渡期的重要集体参与者。然而，将民粹主义视为当下调动范式危机的一种症状意味着什么呢？民粹主义这个概念有争议，含义模糊，因此有人建议避免使用这个概念。然而，我还是要用到它，因为通过它能够很好地理解近年来政治走向中的一些新特点。重要的是，要同时在三个层面上认清民粹主义的本质特征：政治形式、政策内容、社会文化基础。

民粹主义政党和民粹主义运动的特点首先体现在政治形式层面。民粹主义认为自己是"民主的另一种模式",不是自由民主,而是反对自由的民主。[20]自1945年以来影响西方的主流政治观点认为,民主和自由主义是结合在一起的。从左翼的社会民主派到右翼的保守派在政治上都有一个基本共识,认为民主作为人民的统治必须与自由主义原则相结合,比如法治、各机构间的相互制衡。现代社会中不可避免的多元主义必须在政治体制中体现出来。民粹主义者则完全不同。他们基本上主张一种反自由的民主模式,认为人民的意愿不应该直接且不受阻地表达在政治中。因此,民粹主义者主张成为"人民意志"的独家代表。多元主义、不同利益之间的协调、"形成妥协",这些自由民主体制的典型特征,在民粹主义者看来是多余的,且被视为削弱"人民意志"的企图(他们也因此十分怀疑且轻视主流媒体)。民粹主义的特点是"我们对抗他们"的敌对态度:"我们"指的是人民,"他们"指的是那些精英、全球主义者,还有对"人民"来说是外来者的移民。因此,民粹主义就必须将人民视为均质的,当成一个社会共同体。这种均质性在文化和社会层面都可以去建设:文化上通过一些特定的品德原则实现民族身份认同,比如"真正的"美国人、法国人、德国人所主张的那些品德原则;社会性上通过归属"中间"阶层,归属"劳动人民""守土之民"等体现均一性。开放自由主义的民主实践危机让民粹主义者得出结论认为,现在这种自由的、开放的民主形式应该被超越,或者加以改变,比如通过减少为多元主义或法治服务的"保障性机关"。因此,民粹主义的话术明显在营造对抗氛围,这不仅是为了争夺选民,而且是出于另一种民主模式理念,为的是一旦民粹主义能够建立长期执政的政府,便于开展机构改革。

除了这种基本的政治形式之外,民粹主义还有特有的政治内容。在这方面，各个政党（比如法国国民联盟和奥地利自由党）之间存在差异，他们的立场也在不停地变化。不过总体上可以认为，民粹主义代表了一种以国家监管机制为核心的政策，甚至可能演变成一种国家封闭政策。重要的是要看到，这种管控既涉及社会经济领域，也涉及社会文化领域。在两个领域，民粹主义都完全排斥开放自由主义的政策：开放自由主义主张文化开放和社会开放，而民粹主义则认为对这两个领域进行管控，并在民族国家的层面上将它们重新对外关闭起来，是至关重要的。因此，民粹主义会一方面重点关注经济和社会政策，一方面关注移民和文化政策。在经济政策上，他们试图加强民族经济，必要时采用保护主义手段，同样，为了保护同一民族的国民，他们也主张一种强化的社会政策。在文化和移民政策方面（在目标上可能与所谓的身份运动有交集，比如美国的"白人至上"）他们追求减少移民，推行民族身份认同政策。因此，民粹主义在经济和文化两个方面，都是坚决反对全球化的。

最后，还需要考虑民粹主义的社会文化基础。[21] 总的来说，民粹主义存在于各个圈子、阶层和地区，但某些特定人群在其中占据重要地位。民粹主义支持者的典型特征是，感到社会地位被贬低，感到社会和文化价值的丧失（这也意味着自己的利益受到威胁），以及感到自己在社会发展过程中被其他社会群体"侵占"，即被其他群体超越或边缘化。如果政治学界认为，自 20 世纪 90 年代以来，"世界主义者"（主张全球化、支持新自由主义调动经济和文化的活力）与"社群主义者"（强调民族国家的稳固，遵守社会规则）产生了新的政治对抗，[22] 那么民粹主义者就在那些持社群主义观点的人中间，他们看待精英和世界主义者时，带着一种反感的负面情绪，担心自己遭受损害。民粹主义的支持者，从社会结构来说主要来自老中产和贫困阶层，还有少部分知识分子，多数住在小城市或农村，少数居住在大都市。[23]

如果将民粹主义放在三个层面上来看，就能清楚地看到为什么它在公众舆论中是这样的显眼。左翼也有不少人支持（左翼）民粹主义，赞同对自由主义的批判，希望帮助"普通人"对抗精英并为他们争取权利。[24] 如果跟随我上文的分析，即当前占主导地位的开放自由主义范式出于社会经济、文化和民主实践三方面的原因，已经陷入了危机，就可以清楚地看到出为什么民粹主义现在取得了一些胜利：它清楚地看到了上述危机，并提出了一套激进的应对措施。如果说在当前的政治格局中，开放自由主义有一个绝对的敌人，那就是（右翼）民粹主义。这里要注意，民粹主义确实（与主流左派和保守派不同）感知到了三种危机的关联，并对此提出了应对措施：新自由主义的社会经济危机应该通过民族国家对经济的调控来应对，左翼自由主义的社会文化危机则通过强化民族认同、反对世界主义者、反对移民来实现，而对于民主实践的"后民主"危机，应该推行非自由民主，将政治与人民画上等号。在晚现代社会日益极化的阶级结构背景下，新中产、老中产和贫困阶层相互对立，民粹主义为小城镇和农村的一部分传统中产以及（当地的）贫困阶层提供了共鸣，他们害怕阶级降级和文化降值，反感自由主义。民粹主义的敌手不仅是开放自由主义和自由主义（后）民主，还有持世界主义态度、支持新自由主义的城市新中产。

因此，民粹主义是开放自由主义危机的产物。但有足够的理由认为它不会成为长期的、新型的综合政治范式。主要有两个原因支持这种看法：首先，迄今为止的主导政治范式都具备长期整合社会的功能（直到范式末期，在削弱阶段才会丧失这一功能）。因此，一种范式可以容纳不同的进步版本或保守版本，涵盖整个政治光谱，它在某种程度上具有内在的多元主义精神，因此会吸引不同的人群。社会－法团主义的调控范式和开放自由主义的调动范式都符合这一规律。只有如此，政治范式才能够至少在一段时间内成为不可替代的选择，成为主导话语。民粹主义的政治形式则毫不留情地反对兼容并蓄。民粹主义基于一种根本的对抗态度，它对内要求均一性，对外则将晚现代社会的大部分都视为敌人：自由主义新中产、大部分全球化后工业产业、大都市里的政府、移民人口、主流媒体，以及教育机构——民粹主义宣称这些都是原则上的敌人。难以想象，如果一种新型的综合政治范式，既与半个社会为敌，又与这个社会中最繁荣的地区和产业为敌，它怎么可能长期稳定。

　　此外，人们也很怀疑民粹主义能不能证明自己像以前那些范式一样，有足够的解决问题的能力，以获得说服力和主导地位。需要注意的是，迄今为止的调控范式和调动范式总是先接受了已经存在的社会结构，然后对其进行改造。然而，民粹主义似乎与晚现代的三个根本性结构势不两立，其政策也无法改变这些结构：经济的全球化，国民经济依赖全球生产链、资金流动和劳动力流动；经济的后工业化，制造业的核心地位被高端知识产业和简单服务业的双重组合所取代；社会的文化多元化，其原因是社会群体和阶级的多元化，以及全球移民潮。

　　从善意的角度可以说，民粹主义想要以社会调控和文化调控的方式，合理回应自由主义陷入的"调动过度"的危机。但很快就显示出，按照民粹主义的想法，合理的调控最终会变成民族主义的自闭。他们最终关心的，并不是处理全球化、后工业化和文化多元化造成的后果并建设新的架构，而是要与全球化、后工业化和文化多元化展开斗争。民粹主义在根本上是一种返古政治，怀念独立的民族国家、规范的工业社会、文化上的同质性。

284

以古鉴今可以得到启示：我们现在所处的范式转换过程，不仅涉及民粹主义这些边缘现象，而且也涉及政治界的核心。就像自 20 世纪 40 年代以来，政治格局的基本原则发生了从中左派到中右派的一次变化，并再次在 20 世纪 70 年代发生了变化，目前的政治格局似乎也在经历类似的变革。如果不想让系统陷入新自由主义和新民粹主义之间永无止境的冲突循环中，这种变化是必然也是应该的。右翼民粹主义的最大威胁之一在于，它可能会阻碍主流的社会民主派、进步派和保守派认真吸取必要的教训。要认清并批判开放自由主义的弱点，促进经济和文化方面的嵌入，绝对不必走民粹主义道路！

"内嵌式自由主义"是未来的范式吗？

在西方国家，下一个宏大的政治范式是什么样的呢？它将是开放自由主义调动范式的接替者，同时覆盖整个政治光谱。我的基本预设是，尚未成形的新范式将基本上采用调控式或者嵌入式自由主义的形式，其中有三个主要因素：首先，它本质上是一种调控范式，但与过去的社会 – 法团主义范式不完全一样。它的核心任务不是释放社会力量，而是建设社会秩序。其次，新范式将以调控的方式，回应新的社会问题和新的文化问题。在晚现代社会存在一种"普适性危机"，新范式将在社会和文化层面上重新建立这种普适性。[25] 最后，新范式将在两方面保留自由主义基础，一方面，它坚持自由民主的制度和多元主义框架，另一方面，它在保持晚现代文化和经济的活力方面沿用开放自由主义的一些做法。这种自由主义不同于民粹主义的地方在于，身份和市场的活力、全球化的活力都不会被消除，而是会被嵌入新的框架中。[26]

上文已经说过，开放自由主义显然缺少对社会的调控，面对极度自由化的市场、跨国活动、个人权利和文化身份，都缺少秩序的建设。它的危机不是过度调控，而是过度调动了活力。但这并不是说要形成一种循环，不是说每个调动范式之后必然是一种调控范式，反之亦然。我们无法预测未来的发展和挑战，但可以确定，目前的调动范式已经耗尽了，必须以新的调控形式来回应。

事实上，新政治范式解决问题的能力也体现在它应对前一个范式的方式上。通常有两种可能：与老范式决裂，或者建设性地接纳。社会－法团主义范式被开放自由主义范式取代时，两种情况都存在过：英国的撒切尔主义毅然决然地摒弃了福利国家的思路，态度比德国坚决。另有一些国家坚持了社会－法团主义时代的一些成功做法，事后看来未必是坏事。在当前的政治纷争中，民粹主义主张与开放自由主义完全决裂。而我却想要让人们重视一点：关于新范式，重点在于它是否以及如何建设性地沿用开放自由主义的成功的做法和经验，同时将之纳入新的框架——即实现社会和文化层面上的"嵌入"。

20 世纪 80 年代至 21 世纪初，自由主义受到了各个政治阵营的批评。左翼攻击新自由主义，说它推行不受管控的资本主义，只是为了超级富豪的利益；进步自由主义遭到保守派的攻击，后者将它与 1968 年运动相对比，现在还总将它与畸形的"政治正确"（political correctness）联系在一起。正因为当前的批评之声不绝于耳（而且与民粹主义对自由主义的批判可疑地交叠在一起），才更有必要仔细思考，自由主义的两翼能对当前局势提供什么启示。

左翼自由主义为一直以来在法律上和社会上受到歧视的群体系统性地争取权利，原则上可以将它归入 18 世纪以来的解放运动历史。左翼自由主义全面推动法制上的赋权进程，为不同性别、不同种族、不同信仰的人争取权利，如果不信奉这样的理念，会被看作是落后倒退的。其中，促进性别平等肯定是

287

288

左翼自由主义最大的成就。在种族越来越多元的国家中，进步自由主义合理地要求尊重不同个体和群体，尊重他们的种族和宗教信仰。进步自由主义认为，国民根本上是异质的，有必要以文明的方式对待这些不同特质。这种立场在今天和未来似乎比以往任何时候都重要。

西方政治发展进程中，左翼自由主义的原则有着非常重要的地位。新自由主义则与此不同，在处理市场与国家的关系这个古老难题上，它做出的贡献是务实的。虽然现在许多人将新自由主义看作万恶之源，但也应该看到，即使是著名的新自由主义批评家柯林·克劳奇（Colin Crouch），也在他最近的一本著作里分析了新自由主义的积极面。[27] 事实上，新自由主义提出的一个核心问题在今天也依然有效：经济不再是国家范围内的事务，而是全球的，我们处于全球资本主义之中，各个国家和地区在其中竞争，争夺资本和劳动。发达国家的经济尤其如此，因为许多发展中国家在振兴经济，努力扩大自己在全球财富中的份额，这对西方各国的经济来说是一种持续的挑战，让他们不得不开辟一些新产业，抛弃旧的——只有这样才能保证本国经济有足够的运转空间。显然，要确保繁荣，熊彼特竞争国家理论中的有些要素还是不能放弃。

开放自由主义范式虽然做出了这些贡献，却还是衰竭了，原因首先在于，它过于天真地坚信，它在权利和市场方面的政策会水到渠成并在不造成任何损失的情况下实现社会进步。上文提到的缺陷和危机症状表明，事实并不是这样。因此，新的内嵌式或曰调控式自由主义一开始就要看清，对社会和文化施加调控（其中一部分由国家来执行）并以此对市场和主体权利进行调控是必要的。开放自由主义没有针对新的、变化中的种种条件建设合适的调控体系，而是让权利和市场自主自决，这相当于为这二者赋予了一种政治功能，为此付出的代价，是社会、文化和国家的概念都松动了。这正是未来几十年所面临的政治挑战，也是内嵌式自由主义的任务：解决加剧的社会不公、基本社会保障的滞后这两个社会问题，以及文化解体和联结纽带消失这两个文化问题。内嵌式自由主义在回应新的社会问题时，就是一种社会自由主义；在解决文化问题时，它又是文化自由主义。所有这些都需要来自国家和公民社会的调控。[28]实行调控式自由主义的国家又重新变成了主动的国家，一种新型的国家，与社会－法团主义时代的调控型民族国家有明显的区别，也必须与之相区别。

　　重要的是，在新的范式之下，不会有民粹主义者想要的那种"新共同体"，社会也不能陷入一种通过政府调控建立"新共同体"的计划和幻想中。晚现代社会不是也永远不会是一个共同体、一个均质的集体。它在生活方式上是多元的，在阶级结构上是有分层的，并且是多种族的。因此，它面对的挑战是构建一种具有普适性的社会体系，它能够在社会差别和文化多样性中坚固地存在。与"共同体"不同，晚现代"社会"中没有必须遵循的、所有人都同意的生活方式，个体的特殊性不可约减，正因为如此，这个社会必须有规则并贯彻规则，也需要认同形式，其中个体能够以其独特性和差异性得到接纳。

　　正如不会有新的共同体，也不会有全新的社会。这样的愿景建立在对社会结构可计划性、确定性和国家可控性的想象上，而这些不能与社会、文化和经济进程的自主性和自发性相吻合。战后的社会－法团主义范式最后触到了极限，其中一个原因就是陷入了这样一种沾沾自喜，以为社会是可以规划的，但这种欣喜只在辉煌三十年期间（独立自主的民族国家、全球经济增长、文化均一），在一些不寻常的条件下才有过短暂的成功。为了突显与一维社会控制模型的差异，我仍然将接替开放自由主义的范式称为自由主义。如前所述，内嵌式自由主义支持自由民主的架构，并将延续开放自由主义的一些理念。但为什么说它是一种更为根本的自由主义？思想史和政治哲学领域对自由主义有着许多定义，其中自由、多元、权威批判、主体权利、个体为重、市场和竞争、公平和进步这些理念都是重要的。[29] 在此，我赞同米歇尔·福柯的理论，即将自由主义定义为一种特定的治理方式。[30]

292　简而言之：自由主义是一种治理方式，它考虑了社会本身的发展动力，以及社会的不确定性。自由主义并不认为能够"全面治理"，不认为能够在绘图板上规划并强制管理社会。因为社会进程，即市场经济、有着不同利益不同价值取向的个人和群体在社会文化领域的发展，还有科技和媒体以及生态发展进程，都因自己特定的方式而难以预测，它们都是自主调控的，外部的、严格的社会规划约束不了它们。因此，社会不但通常是优先于国家的，而且它的行为总是比国家能够预测得要复杂，因此必须认识到，"现实的发生和发展遵循自己的路径，遵循现实自己的法则和原则"。承认这一点，却并不意味着放任不管。社会的自主动力需要有框架，"自由"也不能总是至上。从自由主义治理的角度来说，对社会进程的调控可以间接进行，通过激励措施或防止措施来达成，而且必须想到，这些行为可能会产生预想之外的后果。调控是一种"权力"，是一种只能通过自由并在保证每个人自由的基础上才能实行的权力。[31] 内嵌式自

293　由主义在实行这种间接调控权方面，做得要比开放自由主义多，但不能再落入（对国家）进行全方位社会调控的盲信。

在本篇的最后一部分，我想举例说明，为了克服当前的危机，内嵌式自由主义这一新政治范式必须应对哪些问题。

内嵌式自由主义面临的挑战

超越精英主义。人们多次批评，晚现代社会中社会不公平

正在增加。这种不公平不仅涉及物质层面，而且还涉及社会认可度方面，会让许多人产生被轻视、被贬值的感觉。内嵌式自由主义必须对此做出回应，在此之前，要先了解这种社会不公不断加深的原因。当前社会不公的最重要的原因在于工业经济向后工业经济的彻底转型。这导致了二元对立的产业结构，一边是高技能者从事的知识经济，另一边是所谓低技能者从事的简单服务业，这造成了一种新的等级划分，而正是当初如人们所愿推行的教育普及，造成了这样的结果。[32] 问题在于，那些处于下层等级的人们——大多属于新的服务阶层——所获得的社会地位，显然比原来工业社会中工人阶级的社会地位低得多，他们所得到的社会认可、回报和保障也少得多。在晚现代社会，出现了精英统治问题，对此，迈克尔·杨（Michael Young）早在 1958 年就在其著作《精英统治的崛起》（*The Rise of the Meritocracy*）中做了预言：[33] 政界寄予厚望的知识社会，不可避免地会产生失败者。这些失败者如今却被告知，他们的地位是自作自受，因为他们没能在教育体系中"向上"提升自己。相反，杨在书中写道，高学历者对自己的教育和工作能力津津乐道，心安理得地觉得这都是自己"应有"的。

教育精英主义忽视了一个事实：社会在其功能上，对所谓低学历者的依赖，一点也不少于对高学历者的依赖。如果社会长期不给常规工作和体力工作应有的社会认可（甚至把相当一部分人逼到失业和依赖救济的地步），它就会面临巨大的撕裂风险。关键是，这个问题并不能单纯通过提高教育水平来解决，因为即使所有潜在天赋都得到充分挖掘，这样也只会重复已有的胜利者—失败者格局。相反，需要一个新的社会契约，它遵循传统的劳动分工理念，原则上承认所有劳动都是社会上必不可少的，并减少各种劳动之间的社会性差别。这种契约不仅涉及国家政策（最低工资、税法、社会保障），而且还涉及社会的抽象层面，而这个社会已经习惯将"成功"者和其他人区分开来。现在要处理的问题，用罗伯特·富勒（Robert Fuller）的话说，是一种"等级主义"（rankism）：社会地位，尤其是劳动和职业体系层面的社会地位，会造成个体之间受尊重程度的巨大差异，且这种差别最终无法合理解释。[34]

城乡差距。在社会空间以及与之相关的生活条件方面，晚现代的市场化进程也制造了巨大的不公。繁荣昌盛的大城市和发展停滞的农村及小城市之间的差距日益加剧，是将来的调控型自由主义面临的一个重要挑战。美国、英国、法国尤其是这种情况。在德国西部，这种地区差异较小但仍然可察觉，而在东部，这种差异非常明显。在解决这个问题之前必须先找其原因，而其中最关键的推动因素仍是后工业化进程。它使得知识经济和知识中产阶级（还有一大部分服务阶层）向大城市聚集，对农村地区的人们产生了强大的吸引力，从而导致了农村地区的人口流失。在这里可以看到一种滑梯效应（Rutschbahn-Effekt）：城市一旦发展得好，就会吸引越来越多的资本和居民（一部分来自国外），在没有调控的情况下，就会造成过热现象，表现为空间短缺、交通拥堵，以及居住成本上涨。农村地区却因为受过教育的年轻人外迁而遭受损失，因而变得更没有吸引力，地区的供养能力也就越来越弱。就这样，空间上形成了两个平行社会[35]，对于未来的政策来说，很关键的一点就是不仅要认识到城市本身的问题，也要认识到农村自身的问题，而且还要努力调控二者"自然生长"的市场进程：城市地区的过热问题，比如住房市场，可以通过福利房建设来调控；农村地区人口流失的问题，可以通过有目的地开展培训、扶持当地产业来调节。

基础设施建设。新自由主义的社会经济化，使得许多关乎基本民生的设施——交通、医疗、能源、福利住房、教育、公共安全，等等——都成为私营部门，并遵循市场机制。这其实是对社会基础设施的广义私有化。然而，这种市场化并没有如预计的那样加强基础设施，反而削弱了它，特别是在确保所有人都能平等享有方面。国家保有的那部分基础设施，在开放自由主义时代经常疏于管理。对于内嵌式自由主义来说，国有基础设施的维护和改善至关重要。基础经济研究组（Foundational Economy Collective）有个正确的倡议，[36] 认为这些属于基础经济范畴，其功能是为所有人的生活质量提供一个能正常运行的根基。有了这个根基，群众的基本诉求就有了保障，有了着落。在过去的几十年里，相比没多少运作空间的基础保障（即基础设施产品和服务），仿佛国家更在意推动个人消费——比如降低收入税、提供育儿补贴。但现在必须转变思维：个人消费不能代替公共基础设施的必要性，因为一旦有短缺，富裕的和高学历的人有能力自己解决短缺问题（私人安保、精英学校、私人医疗服务），而其他人对基础设施的需求会更加迫切。

　　精英统治、城乡差距、公共基础设施的落后，都是社会经济领域的问题，调控型自由主义在这方面要作为社会经济的调节机关，将市场嵌入社会，并对全面经济化的社会采取纠偏措施。然而，一个政治范式要想针砭时弊，也要关照社会文化领域的调控需求，因为上文说过：晚现代社会面对的不是单一调控的问题，而是双重调控的问题，二者之间有关联，但却常常被忽视。将社会经济问题看作左翼的传统问题，社会文化问题看成保守派和社群主义者的传统问题，这样做并没有多大益处。两种问题只是在表面上与传统的左右之分有关，实际上都源于调控和去调控两种方针之间的矛盾。从这个角度来说，如果一种政治范式要重建日常秩序，要将上述两种问题视为一枚

297

298

硬币的两面。

寻求基本规则。生活方式的文化多元化是晚现代社会一个不可改变的事实。经济的后工业化和文化价值观的转型催生了各种各样的圈子，在较为抽象的层面上，它们表现为各种文化性阶层。目前，在某些地方，这种文化上的多样性已经演变成了极化和对抗的局面，尤其是在新老中产阶级之间。[37]此外，移民潮不仅让种族多元化，也造成了文化的多元化，这不仅导致不同历史背景和多种文化传统不可避免地同时产生影响，还催生了单一种族的"平行社会"。面对这些情况，内嵌式自由主义恐怕不能再一味奉行左翼自由主义的多元文化模式了。晚现代社会发展中一个主要挑战就是建设对所有人都有效力的基本规则和基本价值。用社会学史上埃米尔·涂尔干（Émile Durkheim）的话说，现在的任务是文化融合，而且不论外来移民还是内部圈层或阶级都一样要参与文化融合：亚拉巴马的"红脖子"们要面对文化融合，加利福尼亚的潮人们也同样要面对文化融合。必须强调，文化融合的问题远远不止是移民问题。

新的政策不能再像放任自由主义那样忽视对基本文化价值以及所有人都认同的文化实践的建设、传播和贯彻，认为"文化"是私人或经济问题。当然，也可以像尼克拉斯·卢曼那样发问，现代社会如果没有文化共识，还能否正常运转。[38]然而，答案似乎是否定的。生活各领域的社会实践——在公共空间、职业领域，以及政治论争中——都需要特定的、众人心照不宣、普遍认可的文化准则作为前提。这些前提经常是在消失之后，才被人注意到。这需要全社会持续不断地进行商榷，协商在文化中什么有价值，什么没有。国家教育体系对此有着关键的作用。数字化社交媒体等新生的领域也迫切需要确立基本规则（交流的基本规则）。

未来的调控式自由主义在制定普遍具有约束力的基本规则时，会面临双重分歧，一边是全体接受与异质性的分歧，一边是普世主义与民族文化的分歧。与右翼民粹的文化政策不同，文化自由主义的目的不是否定晚现代生活方式的异质性，而是在尊重种族和生活方式的异质性的基础上，努力建设共同的基本框架。[39] 这些基本规则不是先前存在或固定不变的，也不是抽象的原则。它们需要根据它们被应用的具体文化实践不断做出调整。这也意味着仅靠基本法中关于基本价值观的条款——宪法爱国主义的理论常常援引它们——是不够的。法制规范需要特定的日常文化实践的支持，如合作、民事纠纷、焦虑、团结、友善中立、仪式、共事等，才能产生社会效果。许多基本规则从西方的视角来看都有普世主义性质，相对来说，它对单个的民族文化不是很在意。与此同时，至少目前来看，民族国家仍然是核心政治单元，它们管理教育和公共事务。因此，对于文化自由主义来说，"有价值"而受到认可的文化始终是一种内嵌在特定文化（包括民族特色和生活方式的多样性）框架内的普适文化。

互惠文化。在建设社会生活的文化基本规则这一总体问题框架内，互惠文化是一个重要的议题。事实上，可以提出这样的论点，即开放自由主义最大的缺陷在于削弱了互惠文化，而强化了以主体利益和主体权利为重的文化。有趣的是，在这方面，开放自由主义政治范式的两翼发挥了相似的作用：新自由主义采用了一种通过在市场上行动将自己的实际利益最大化的行为模式；左翼自由主义采用了一种在其他人面前捍卫自己主体权利的行为模式。前者让公民成了自主的消费者，后者让公民保卫自己的权益。但是，公民作为政治单元，对社会整体的责任在哪里呢？社会是一个互惠空间，即在社会上要你来我往，有权利有义务，要权衡自己和别人的利益。然而，这些模式似乎不允许社会作为互惠空间而存在。

最近强调重新建立一种互惠文化,这并不令人惊讶,在这种文化中,个体承担对他人和社会的责任。[40]这样一种政策肯定不怎么受待见,因为选民习惯了为权力和利益发声(而且民粹主义几乎总是要求由"别人"来承担责任,尤其是移民和富裕的全球主义者)。这种政策将坚持让人们回报所享受到的社会福利,并让人们思考诸如下列问题:如果某人享受了国家提供的教育,难道没有义务用自己的天赋和能力回报社会,造福所有人(而不仅仅用来为自己挣钱)吗?那些接受了各种政府支持的家庭,难道没有义务将自己的孩子培养成有责任意识的社会成员(而不是理性的个人主义者)吗?那些通过法律或民事程序,通过资本而收获巨大财富的人,难道不应该将其中一部分用来回馈社会吗?这些复杂的问题,有些可以通过立法来规范,但还不够,因为它们涉及人们对政治体制的一般理解。[41]

当然,内嵌式自由主义这种新的政治范式将如何立足以及如何将其理念转化为具体政策,仍然未知。如果它做到了,就像前两个范式一样,这个范式也会有进步版本和保守版本。进步版本(我本人也支持这个版本)会明确强调全民共享的社会基础设施的重要性,在文化上更强调普遍主义,而保守版本将更注重本国本民族,对社会不公有更强的容忍度。总的来说,内嵌式自由主义的社会基础与开放式自由主义有别:在后者的晚期阶段,其拥护者主要是大城市的知识新中产阶级,而调控式自由主义却有机会除了开明的、自省的部分新中产之外,再团结一部分老中产和贫困阶层,以免他们中的一些人走向民粹主义。如果将新老中产阶级之间的价值观差异看作支持全球化的世界主义者和支持调控的社群主义者之间的差异,那么调控式自由主义就有可能在二者之间达成"历史性和解"。

内嵌式自由主义在一点上与前两种范式有根本性区别：它必须对自己的"进步"理念持更为怀疑的态度。如前所述，社会－法团主义范式在国家的可调控性上太过乐观。开放式自由主义也一直持有一种进步理念，认为社会—经济发展有自己的内动力。如今看来，这两种进步主义都显得天真。虽然人们对内嵌式自由主义有很多期待，它也不能对政治运作抱这种乐观主义态度。

304

总的来说，我们必须想到，21世纪的社会发展进程会带来（也已经带来了）一些难以弥补的衰落和损失。必须明确指出并处理这些损失，否则会长期陷入愤怒和病态的民粹主义情绪中。造成损失的系统性原因有三个：首先，工业化社会向后工业社会的转型（数字化加剧了这一进程），不可避免地导致了原本由体力劳动和常规劳动构成的稳定的工业化世界的衰落，而工业化世界本来为"平等社会"模式创造了生活基础。其次，在全球化进程中，发展中国家，尤其是东亚和南亚的发展中国家在经济和政治上崛起，导致"西方"不可避免地要失去主导地位，失去积累财富的特权和政治上的统治权。最后，工业和后工业化生活方式导致了越来越多的生态问题，集中体现在气候变化上，这意味着以前那种社会发展模式——将永远追求物质财富的不断升格视作天经地义之事——不可逆转地衰落和终结了。自启蒙时代以来就是政治发展和社会进程标杆的传统"进步"理念，在21世纪需要得到修订。

注　释

引言：幻灭的当下

1　关于唐纳德·特朗普的上升之路参见 Steven Levitsky, Daniel Ziblatt, *Wie Demokratien sterben. Und was wir dagegen tun können*, München 2018。

2　Francis Fukuyama, *Das Ende der Geschichte. Wo stehen wir?* München 2018.

3　Reinhart Koselleck, *Vergangene Zukunft. Zur Semantik geschichtlicher Zeiten*, Frankfurt/M. 1989.

4　Oswald Spengler, *Der Untergang des Abendlandes*, München 1918; José Ortega y Gasset, *Der Aufstand der Massen*, Stuttgart 1931.

5　新近的反乌托邦幻想作品另有一种有趣的表达方式，尤其在电影领域。比如 *Blade Runner 2049*（美国 2017，导演：Denis Villeneuve，中文译名《银翼杀手》）；*War for the Planet of the Apes*（美国 2017，导演：Matt Reeves，中文译名《猩球崛起》）。

6　批判当今缺少容纳分歧的能力，可参见 Thomas Bauer 新作, *Die Vereindeutigung der Welt. Über den Verlust an Mehrdeutigkeit und Vielfalt*, Stuttgart 2018。

7　Pierre Rosanvallon, *Die Gesellschaft der Gleichen*, Hamburg 2013.

8　Andreas Reckwitz, *Die Gesellschaft der Singularitäten. Zum Strukturwandel der Moderne*, Berlin 2017。中译本《独异性社会——现代的结构转型》出版于 2019 年。

9　"个人主义"指一种文化，其中，相对于集体的约束，个人的自我负责更为重要。"个性化"是指一种过程，在此过程中，个体从集体约束中"解放"出来。参见 Ulrich Beck, *Risikogesellschaft. Auf dem Weg in eine andere Moderne*, Frankfurt/M. 1986。

10　亦可参见 Igor Kopytoff, "The Cultural Biography of Things"，出自：Arjun Appadurai（出版人），*The Social Life of Things. Commodities in Cultural Perspective*, Cambridge 1986, 第 64–91 页。

11　此文曾以 *Zwischen Hyperkultur und Kulturessenzialismus*（《超文化与文化本质主义之间》）的标题于 2016 年初次发表在线上社会政治论坛上，参见 https://www.soziopolis.de/beobachten/kultur/artikel/zwischen-hyperkultur-und-kulturessenzialismus/，最后查阅日期 2019 年 6 月 26 日。另一稿于 2017 年春发表，标题是 *Hyperkultur und Kulturessenzialismus: Der Kampf um das Kulturverständnis*（《超文化和文化本质主义：争夺文化含义的斗争》），是作为 *Essay und Diskurs*（《文章与话语》）系列节目，在 Deutschlandfunk（德国广播电台）播出的。

第一章 文化冲突是争夺文化的战争：
超文化与文化本质主义

1 Samuel P. Huntington, *Kampf der Kulturen. Die Neugestaltung der Weltpolitik im 21. Jahrhundert*, München, Wien 1996.

2 Raymond Williams, *Culture and Society, 1780-1950*, London 1958.

3 关于这些文化概念参见 Andreas Reckwitz, *Die Transformation der Kulturtheorien. Zur Entwicklung eines Theorieprogramms*, Weilerswist 2000，第二章。

4 Ernst Cassirer, *Philosophie der symbolischen Formen [1923-29]*, Hamburg 2010.

5 参 见 Andreas Reckwitz, *Die Gesellschaft der Singularitäten. Zum Strukturwandel der Moderne*, Berlin 2017，第一章。中译本为《独异性社会：现代的结构转型》，北京，2019。

6 Émile Durkheim, *Die elementaren Formen des religiösen Lebens*, Frankfurt/M. 1981.

7 Max Weber, "Die protestantische Ethik und der Geist des Kapitalismus"，收录于其文集 *Gesammelte Aufsätze zur Religionssoziologie I*, 出版人 Johannes Winckelmann, Tübingen 1988，第1-206页。

8 关于文化的重要性，参见以下经典论著：Fredric Jameson, *Postmodernism, or, The Cultural Logic of Late Capitalism*, London 1992；Scott Lash, *Sociology of Postmodernism*, London 1990.

9 关于文化作为资源这一论点，亦可参见 George Yúdice, *The Expediency of Culture: Uses of Culture in the Global Era*, Durham, London 2003。

10 关于文化性货品市场的根本特点，参见 Pierre-Michel Menger, *The Economics of Creativity. Art and Achievement under Uncertainty*, Cambridge (Mass.) 2014。

11 关于文化资本主义参见 Scott Lash, Celia Lury, *Global Culture Industry: The Mediation of Things*, Cambridge, Malden 2007。本书第三章亦有详述。

12 Richard Florida, *Cities and the Creative Class*, New York, London 2005.

13 Georg Simmel, *Soziologie. Untersuchungen über die Formen der Vergesellschaftung [1908]*, Frankfurt/M. 1992

14 关于新中产，见本书第二章。

15 批判后殖民主义有权者对无权者进行"文化挪用"（culture appropriation）的观点即发端于此。

16 关于多样性，参见 Steven Vertovec, "'Diversity' and the Social Imaginary"，收录于：*European Journal of Sociology* 53(3)2013，第287—312页；关于"杂交"参见 Jan Nederveen Pieterse, "Globalization as Hybridization"，收录于：Mike Featherstone 等

（Hg.），*Global Modernities*, London 1995，45–68 页。

17 参 见 Bernhard Giesen, *Kollektive Identität. Die Intellektuellen und die Nation 2*, Frankfurt/M. 1999; Manuel Castells, *The Power of Identity. The Information Age: Economy, Society, and Culture*, Bd. 2, Malden 1997。

18 Benedict Anderson, *Imagined Communities. Reflections on the Origin and Spread of Nationalism*, London 1990.

19 详见 Reckwitz, *Gesellschaft der Singularitäten*，第 393–404 页。中译本《独异性社会：现代的结构转型》第 313—322 页。

20 当然也可能采用文化阶级斗争的形式。

21 参见 Martin Riesebrodt, *Rückkehr der Religionen? Zwischen Fundamentalismus und Kampf der Kulturen*, München 2000, S.59f.; Ronald F. Inglehart, Pippa Norris, "Trump, Brexit, and the Rise of Populism: Economic Have-Nots and Cultural Backlash", HKSWorking Paper No. RWP 16–026(2016)。另见本书第二章。

22 参见 Pankaj Mishra, *Das Zeitalter des Zorns. Eine Geschichte der Gegenwart*, Frankfurt/M. 2017; Sebastian Conrad, "Der Ort der Globalgeschichte", in: *Merkur 12* (2014)，第 1096–1101 页。

23 除此之外两种文化化体制还有更多有趣的杂交形式。比如伊斯兰身份的青少年，在西方青少年文化中成了有"魅力风格"的人，亦即他们遵循着文化化甲的逻辑，在关注度市场和赋值市场上参与竞争。一旦有招募信徒的行动，比如"伊斯兰国"成员，他们又会抛弃这种逻辑，在一定程度上——也实实在地——转向文化化乙。

24 参 见 Will Kymlicka, Multicultural Odysseys. Navigating the New International Politics of Diversity, Oxford, New York 2007。

25 参见 Karl R. Popper, *Die offene Gesellschaft und ihre Feinde* [Orig.1945],Tübingen 2003。

26 对超文化的这种批评，参见 Guillaume Paoli, *Die lange Nacht der Metamorphose. Über die Gentrifizierung der Kultur*, Berlin 2017。

27 将各种产品置入全球性市场——利用体系的做法导致的结果就是，超文化中的产品一面要求"独一无二"的品性，同时又是可以互相比较的。正是由于这种状况，文化评论界批评超文化中的各个组成部分其实都彼此相似，以至于有人抱怨缺乏彻底不同或彻底陌生的东西。参见 Byung-Chul Han, *Hyperkulturalität. Kultur und Globalisierung*, Berlin 2005。

28 参见 Terry Eagleton, *The Idea of Culture*, London 2000; François Jullien, *Es gibt keine kulturelle Identität*, Berlin 2017。

29 关于浪漫主义时代的文化参见 Isaiah Berlin, *Roots of Romanticism*, London 1999。

30 Friedrich Schiller, *Über die ästhetische Erziehung des Menschen. In einer Reihe von Briefen*, Stuttgart 2000.

31 关于这一区别参见 Helmut Plessner, *Grenzen der Gemeinschaft. Eine Kritik des sozialen Radikalismus* [1924], Frankfurt/M. 2002。

32 世界文化、世界博物馆和世界文化遗产的核心理念指向这一方向。参见 Christoph Antweiler, *Mensch und Weltkultur. Für einen realistischen Kosmopolitismus im Zeitalter der Globalisierung*, Bielefeld 2011。

33 关于此点的经典论述参见 John Dewey, *Demokratie und Erziehung. Eine Einleitung in die philosophische Pädagogik*, 出版人：Jürgen Oelkers, Weinheim, Basel 2011。

第二章 从扁平中产社会到三阶层社会：新中产、老中产、不稳定无产阶级

1 Ulrich Beck, "Jenseits von Stand und Klasse?"，发表于：Reinhard Kreckel (Hg.), *Soziale Ungleichheiten*, Göttingen 1983，第 35—74 页。

2 Branko Milanović, *Die ungleiche Welt. Migration, das Eine Prozent und die Zukunft der Mittelschicht, Berlin* 2016; *Robert D. Putnam, Our Kids. The American Dream in Crisis*, New York 2015; Arlie R. Hochschild, *Strangers in Their Own Land. Anger and Mourning on the American Right*, New York 2016 (德语版：*Fremd in ihrem Land. Eine Reise ins Herz der amerikanischen Rechten*, Frankfurt/M. 2017)。

3 David Goodhart, *The Road to Somewhere. The Populist Revolt and the Future of Politics*, London 2017; Christophe Guilluy, *La France périphérique. Comment on a sacrifié les classes populaires*, Paris 2014 ; Didier Eribon, *Rückkehr nach Reims*, Berlin 2016.

4 Thomas Piketty, *Das Kapital im 21 Jahrhundert*, München 2014.

5 Gerhard Schulze, *Die Erlebnisgesellschaft. Kultursoziologie der Gegenwart*, Frankfurt/M. 1992.

6 因此，在阶级的概念上，我的侧重点与马克思的不同，而是与皮埃尔·布迪厄有几处相近。

7 参见 Pierre Bourdieu, "Ökonomisches Kapital, kulturelles Kapital, soziales Kapital"，收录于：Reinhard Kreckel, *Soziale Ungleichheiten*, Göttingen 1983, 第 183-198 页。

8 参见以下详细的研究，其中有丰富的案例：Milanović, *Die ungleiche Welt*, 第一章。关于这些，亦可参见 Heinz Bude, Philipp Staab (Hg.), *Kapitalismus und Ungleichheit. Die neuen Verwerfungen*, Frankfurt/M., New York 2016。

9 Milanović, *Die ungleiche Welt*, 第 17-25 页。

10 此外还有一个上层阶级，因其规模小，我没有放在一起研究。准确地说应该是 3+1 阶级模式。

11 Oliver Nachtwey, *Die Abstiegsgesellschaft. Über das Aufbegehren in der regressiven*

Moderne, Berlin 2016.

12 Jean Fourastié, *Les Trente Glorieuses, ou la révolution invisible de 1946 à 1975*, Paris 1979.

13 Helmut Schelsky, "Die Bedeutung des Schichtungsbegriffs für die Analyse der gegenwärtigen deutschen Gesellschaft", 收录于其著 *Auf der Suche nach Wirklichkeit. Gesammelte Aufsätze*, Düsseldorf u. a. 1965, 第 331–336 页。关于工业化现代的论述参见 Pierre Rosanvallon, *Die Gesellschaft der Gleichen*, Hamburg 2013。

14 Karl Martin Bolte, *Deutsche Gesellschaft im Wandel*, Opladen 1967；Ulrich Beck, *Risikogesellschaft. Auf dem Weg in eine andere Moderne*, Frankfurt/M. 1986.

15 用于衡量社会不公平程度的基尼系数在 20 世纪 50 年代到 70 年代之间相对较低。20 世纪的上半叶曾明显上升，21 世纪 80 年代以后还有所上升，在盎格鲁—撒克逊国家尤其明显，在德国没那么明显。参见 Milanović, *Die ungleiche Welt*，第 81、83、89 页。

16 20 世纪 50 年代，美国约有 40% 的人口没有高中毕业文凭，参见图 2.3。

17 根据 Ralf Dahrendorf 的 "房子模型"（Hausmodell），来源 http://deacademic.com/dic. nsf/dewiki/297226（最后查阅：2019 年 2 月 20 日）。

18 关于此概念参见 Uwe Schimank u.a., *Statusarbeit unter Druck? Zur Lebensführung der Mittelschichten*, Weinheim, Basel 2014。

19 William H. Whyte, *The Organization Man*, New York 1956.

20 同上，第 363 页。

21 关于这一点，详见本书第三章。

22 参见 Allen J. Scott, *A World in Emergence: Cities and Regions in the 21st Century*, Cheltenham u.a. 等，2012；经典论述见 Daniel Bell, *The Coming of Post-Industrial Society. A Venture in Social Forecasting*, New York 1973。

23 参见 Stephen J. Rose, "Manufacturing Employment. Fact and Fiction", 2018, https://www.urban.org/sites/default/files/publication/97776/manufacturing_employment_fact_and_fiction_2.pdf, 第 4 页（最后查阅：2019 年 7 月 12 日），以及德国联邦统计署（das Statisische Bundesamt）的数据, https://de.statista.com/statistik/daten/studie/275637 / umfrage/anteil-der-wirtschaftsbereiche-an-der-gesamtbeschaeftigungin-deutschland/（最后查阅：2019 年 7 月 1 日）。

24 产业结构的变化图示，请见第三章，第 90 页；关于去工业化参见 Lutz Raphael, *Jenseits von Kohle und Stahl. Eine Gesellschaftsgeschichte Europas nach dem Boom*, Berlin 2019。

25 参见注释 23。

26 Maarten Goos, Alan Manning, *Lousy and Lovely Jobs: the Rising Polarization of Work in Britain* 2003, http://eprints.lse.ac.uk/20002/I/Lousy_and_Lovely_Jobs_the_Rising_

Polarization_of_Work_in_Britain.pdf（最后查阅：2019 年 1 月 12 日）。

27　关于此点的总体论述，参见 Tanjev Schultz, Klaus Hurrelmann , *Die Akademiker-Gesellschaft. Müssen in Zukunft alle studieren?* Weinheim 2013。

28　参见联邦统计署（das Statistische Bundesamt）的数据，https://www.destatis.de/DE/Publikationen/Thematisch/BildungForschungKultur/BildungsstandBevoelkerung.html（最后查阅：2019 年 2 月 25 日）。

29　图引自 Otto Hüther, Georg Krücken, *Hochschulen. Fragestellungen, Ergebnisse und Perspektiven der sozialwissenschaftlichen Hochschulforschung*, Wiesbaden 2016，第 78 页。

30　图表来源：United States Census Bureau，网址：https://www.census.gov/content/dam/Census/library/publications/2016 /demo/p20–578pdf，第 4 页，最后查阅：2019 年 6 月 23 日。

31　随着高等教育文凭的普及，高等教育体系内部的等级化也变得越来越重要。

32　参见 Ronald Inglehart, *Modernisierung und Postmodernisierung. Kultureller, wirtschaftlicher und politischer Wandel in 43 Gesellschaften*, Frankfurt/M., New York 1998。

33　参见联邦统计署（das Statistische Bundesamt）的数据，https://www.destatis.de/ nivelde/DE/Publikationen/Datenreport/Downloads/Datenreport2016. pdf?__blob=publicationFile，第 420 页（最后查阅：2019 年 6 月 23 日）。

34　参见 Abraham H. Maslow, *Motivation and Personality*, New York 1954。

35　作者自制图。资本类型参照布迪厄的 "Ökonomisches Kapital, kulturelles Kapital, Soziales Kapital"，即经济资本、文化资本、社会资本。

36　德国 2014 年的数据：有职业教育文凭的人，平均终生总收入为 130 万欧元，有大学文凭的人总收入为 230 万欧元。这些数据请见劳动市场与职业研究院 Institut für Arbeitsmarkt- und Berufsforschung,https://de.statista.com/statistik/daten/studie/288922//umfrage/durchschnittlicheLebensverdienste-in-deutschland-nach-bildungsabschluss/（最后查阅：2019 年 2 月 18 日）。2009 年美国的数据：有大学及以上学历的人，年收入为 74000 美元，高中毕业生的年收入则为 33000 美元。参见 https://www.census.gov/newsroom/cspan/educ/educ_attain_slides.pdf（最后查阅：2019 年 2 月 18 日）。

37　关于这个新中产的详细分析，见 Andreas Reckwitz, *Die Gesellschaft der Singularitäten. Zum Strukturwandel der Moderne*, Berlin 2017。中译本为《独异性社会：现代的结构转型》，北京，2019。

38　早些时候，关于新中产的崛起，英语国家就有一些精准的研究，例如 Paul Leinberger, Bruce Tucker, *The New Individualists. The Generation After The Organization Man*, New York 1991；Mike Featherstone, *Consumer Culture and Postmodernism*, London u.a. 1991；David Brooks, *Bobos in Paradise. The New Upper Class and How They Got*

There, New York u.a. 2000。

39 关于此概念参见本书第一章。

40 Annette Lareau, *Unequal Childhoods. Class, Race and Family Life*, Berkeley u.a., 2011.

41 参见 Wolfgang Merkel, "Kosmopolitismus versus Kommunitarismus: Ein neuer Konflikt in derDemokratie", 收录于: Philipp Harfst u.a. (Hg.), *Parties, Governments and Elites. The Comparative Study of Democracy*, Wiesbaden 2017, 第 9–23 页。

42 关于这一主题，见本书第五章。

43 关于这一主题，见本书第四章。

44 针对老中产变迁的局部研究，见 Goodhart, *The Road to Somewhere*; Joan C. Williams, *White Working Class. Overcoming Class Cluelessness in America*, Boston 2016; 以及 Hochschild, *Strangers in Their Own Land*。

45 见 Hochschild, *Strangers in Their Own Land*，第 166 页。

46 关于这一概念的经典论著参见 Walter G. Runciman, *Relative Deprivation and Social Justice. A Study of Attitudes to Social Inequality in Twentieth-Century Britain*, London 1966。

47 2009 年以来，德国的大学生人数超过学徒人数。2012 年，大学生有 250 万人，学徒有 200 万人。参见 https://de.statista.com/infografik/1889/zahl-der-studierenden-und-auszubildenden/（最后查阅：2019 年 7 月 2 日）。

48 其中最早的研究之一参见 Gøsta Esping-Andersen, *Changing Classes. Stratification and Mobility in Post-Industrial Societies*, London 1993。

49 参见 Heinz Bude, *Die Ausgeschlossenen. Das Ende vom Traum einer gerechten Gesellschaft*, München 2008；Friederike Bahl, *Lebensmodelle in der Dienstleistungsgesellschaft*, Hamburg 2014；Putnam, *Our Kids*.

50 关于这种劳动文化的没落，有一部令人印象深刻的、以东德为背景的电影，是 2018 年由 Andreas Dresen 导演的故事片 *Gundermann*。

51 参见 Piketty, *Kapital*. 关于顶层的概述参见 Olaf Groh-Samberg, "Sorgenfreier Reichtum. Jenseits von Konjunktur und Krise lebt nur ein Prozent der Bevölkerung", 发表于: *Wochenbericht DIW Berlin* 35 (2009), 第 590–612 页。

52 Ralf Dahrendorf, "Die globale Klasse und die neue Ungleichheit", 发表于: Merkur 11 (2000), 第 1057–1068 页。

53 这当然不是说，因为分属不同的阶级，移民们就没有相似的经历了（比如歧视），也不是说，因为分属不同的阶级，女性（或男性）就没有作为一个群体而受的普遍压力了。

54 在德国，2006 年以来，高校毕业生中女性人数多于男性。见联邦统计署（das Statistische Bundesamt）的数据 https://www-genesis.destatis.de/genesis/online/link/

tabelleErgebnis21312-0001（最后查阅：2019 年 7 月 3 日）。

55 这一可能性也适用于新中产对同性恋、双性恋和跨性别等开放的性别观念。

56 关于伴侣关系模式的区别，参见 Cornelia Koppetsch, Günter Burkart, *Die Illusion der Emanzipation. Zur Wirksamkeit latenter Geschlechtsnormen im Milieuvergleich*, Konstanz 1999。

57 "反性别主义"（Anti-Genderism）运动也是这一问题在社会上的表现。

58 还有一个问题：在贫困阶层，被迫单身生活即使在中老年群体中也是比较突出的现象，一方面是单身母亲，另一方面是一些男性，他们个人财产很少，在婚恋市场上"一无所获"。在这些情况中，那种与社会脱钩的感觉也包括个人的层面。

59 参见 Malteser 移民报告 2017（Malteser Migrationsbericht 2017），该报告解读了德国联邦统计署的数字，网址 https://www.malteser.de/fileadmin/Files_sites/malteser_de_ Relaunch/Angebote_und_Leistungen/Migrationsbericht/KapitelI_Zuwanderung_nach_ Deutschland__aus_Malteser_Migrationsbericht_2017_es.pdf（最后查阅：2019 年 7 月 30 日）。

60 在此我依据的是 Berthold B. Flaig 的研究 "Migrantische Lebenswelten in Deutschland"，收录于其本人所著并出版的 *Praxis der SINUSMilieus. Gegenwart und Zukunft eines modernen Gesellschafts·und Zielgruppenmodells*, Wiesbaden 2018，第 113-124 页。该研究中所说的圈层差别（Milieudifferenzierung）可以理解为阶级模式。

61 2018 年，德国受过高等教育的从业者中，有18%有移民背景，参见联邦劳动局（Statistik der Bundesagentur für Arbeit）的报告：Blickpunkt Arbeitsmarkt – Akademikerinnen und Akademiker, Nürnberg (April) 2019，网址 https://statistik.arbeitsagentur.de/Statischer- Content/Arbeitsmarktberichte/Berufe/generische-Publikationen/Broschuere-Akademiker.pdf，最后查阅日期：2019 年 2 月 19 日）。

62 Boris Nieswand, *Theorizing Transnational Migration. The Status Paradox of Migration*, New York, London 2011。

63 Guilluy, *La France périphérique*; Scott, *A World in Emergence*。如此看来，法国 2018— 2019 年的"黄马甲"运动明显也有地域上的因素，因为这也是老旧小城市的中产在反对大都市中产以及代表后者的当时政府。

64 居鲁伊在 *La France périphérique* 中强调了这一方面。

65 关于城市内部空间区域分隔，参见 Marcel Helbig, Stefanie Jähnen, *Wie brüchig ist die soziale Architektur unserer Städte? Trends und Analysen der Segregation in 74 deutschen Städten*, WZB Discussion Paper 2018, https://bibliothek.wzb.eu/pdf/2018/p18-001.pdf（最后查阅日期：2019 年 6 月 27 日）。

66 参见 https://www.sinus-institut.de/sinus-loesungen/sinus-milieusdeutschland/（最后查阅日期：2019 年 2 月 19 日）。

67 有一些 SINUS 圈子不能清晰地划归某个阶级。属于此列的有保守的守成者圈子（介于
　老中产和新中产之间），注重传统的圈子（介于老中产和贫困阶层之间）以及享乐主义
　圈子（介于贫困阶层和新中产之间）。最后两种情况中，可以再分出小的部分，而保守
　的守成者圈子有一个根本问题：在这个圈子中有一群文化上不属于新中产阶级的，而更
　偏向老中产的知识分子群体。这可能会导致身份不一致问题，也会造成政治上的后果。

68 SINUS 系列研究始于 20 世纪 80 年代，故而可以追踪各个圈子数十年间的演变。新中
　产的各个圈子——如果它们确实存在——在 1985 年占西方人口的 13%（根据 Andreas
　Rödder，21.0. *Eine kurze Geschichte der Gegenwart*，München 2015，第 148 页），而
　2018 年它们总体上占比为 31%（见图 2.5），这可是 20% 的增量！可参见图 2.1 以对比
　其间的反差。

69 参见 Merkel，"Kosmopolitismus versus Kommunitarismus"。现在美国的政治版图也明
　显受到了这一新结构的影响。外部看来，两党体制仍然稳固，而两党的内部结构都已经
　明显发生了变化。民主党自 20 世纪 90 年代起日益成为一个代表全球主义的新中产政
　党，共和党随着茶党运动，尤其唐纳德·特朗普时代全面转向右翼民粹，并更大程度
　上代表"愤怒的"白人老中产。关于美国民主党的发展变化参见 Thomas Frank，*Listen,*
　Liberal. Or, What Ever Happened to the Party of the People? New York 2016。

70 关于法国的情况，新近有一项有趣的研究，参见 Bruno Amable, Stefano Palombarini,
　Von Mitterrand zu Macron: Über den Kollaps des französischen Parteiensystems, Berlin
　2018。

71 参见下文，第五章。

第三章　超越工业化社会：极化的后工业主义和认知 – 文化资本主义

1 Adam Smith, *Der Wohlstand der Nationen. Eine Untersuchung seiner Natur und seiner*
　Ursachen, München 1975【英文原版 1776】。

2 Karl Marx, *Das Kapital, I*, 收录于其本人及 Friedrich Engels, *Marx-Engels-Werke* [MEW]，
　第 23 卷，Berlin 1988。

3 Jean Fourastié, *Les Trente Glorieuses, ou la révolution invisible de 1946 à 1975*, Paris
　1979.

4 Lutz Raphael, *Jenseits von Kohle und Stahl. Eine Gesellschaftsgeschichte Westeuropas*
　nach dem Boom, Berlin 2019.

5 参见 Amin Ash , *Post-Fordism. A Reader*, Oxford 1994；Daniel Bell, *The Coming of Post-*
　Industrial Society. A Venture in Social Forecasting, New York 1973；Peter Drucker,
　Post-Capitalist Society, New York 1993；Walter Siebel, Hartmut Häußermann,
　Dienstleistungsgesellschaften, Frankfurt/M. 1995；Joseph B. Pine, James Gilmore, *The*

Experience Economy. Work is Theatre & Every Business is a Stage, Boston 1999。

6 参见 Yann Moulier-Boutang, *Cognitive Capitalism*, Cambridge 2011; Isabell Lorey, Klaus Neundlinger Hg., *Kognitiver Kapitalismus*, Wien 2012；侧重略有不同的论著有 Paul Mason, *Postkapitalismus. Grundrisse einer kommenden Ökonomie*, Berlin 2016。

7 参见 Nigel Thrift, *Knowing Capitalism*, London 2005；Luc Boltanski, Arnaud Esquerre, *Bereicherung. Eine Kritik der Ware*, Berlin 2018。

8 参见 Wolfgang Streeck, *How Will Capitalism End? Essays on a Failing System*, London 2016；Nick Srnicek, *Plattform-Kapitalismus*, Hamburg 2018。

9 Jean Fourastié, *Die große Hoffnung des zwanzigsten Jahrhunderts*, Köln-Deutz 1954.

10 关于此概念亦可参见 Olivier Bomsel, *L'économie immatérielle. Industries et marchés d'expériences*, Paris 2010。

11 参见 Hans-Werner Niemann, *Europäische Wirtschaftsgeschichte. Vom Mittelalter bis heute*, Darmstadt 2009。

12 Nikolai Kondratieff, Die langen Wellen der Konjunktur, 收 录 于 *Archiv für Sozialwissenschaft und Sozialpolitik 1926*, 第 573-609 页；*Joseph A. Schumpeter, Theorie der wirtschaftlichen Entwicklung. Eine Untersuchung über Unternehmergewinn, Kapital, Kredit, Zins und den Konjunkturzyklus*, Berlin 1987。

13 关于这一点，详见 Scott Lash, John Urry, *The End of Organized Capitalism*, Cambridge 1987。

14 关于这过渡时期，亦见 Anselm Doering-Manteuffel, Lutz Raphael, *Nach dem Boom. Perspektiven auf die Zeitgeschichte seit 1970*, Göttingen 2008。

15 参见 Stephen J. Rose, "Manufacturing Employment. Fact and Fiction" 2018，https://www. urban.org/sites/default/files/publication/97776/manufacturing_employment_fact_and_ fiction_2.pdf, 第 4 页（最后查阅时间：2019 年 7 月 12 日），以及联邦统计署（das Statistische Bundesamt）的 数 据，https://de.statista.com/statistik/daten/studie/257637/ umfrage/anteil-der-wirtschaftsbereiche-an-der-gesamtbeschaeftigung-in-deutschland/（最后查阅时间：2019 年 7 月 1 日）。

16 Berthold Herrendorf, Richard Rogerson, Ákos Valentinyi, "Growth and StructuralTransformation"，收 录 于：Philippe Aghion, Steven Durlauf, *Handbook of Economic Growth, Bd. 2b*, Amsterdam, New York 2014，第 855–914 页。

17 作者根据联邦统计署（das Statistische Bundesamt）的数据自绘。

18 Fourastié, *Die große Hoffnung des zwanzigsten Jahrhunderts*; Bell, *The Coming of Post-Industrial Society*；关于三个产业，有一部出色的批判性论著，参见 Uwe Staroske, *Die Drei-Sektoren-Hypothese. Darstellung und kritische Würdigung aus heutiger Sicht*, Regensburg 1995。

19 关于消费转型，参见 Mike Featherstone, *Consumer Culture and Postmodernism*, London u.a.，1991；Manfred Prisching, *Die zweidimensionale Gesellschaft. Ein Essay zur neokonsumistischen Geisteshaltung*, Wiesbaden 2006。

20 关于价值转型和新中产，见本文第二章。

21 参见 Thrift, *Knowing Capitalism.*

22 Carlota Perez, "Technological Revolutions, Paradigm Shifts and Socio-Institutional Change"，收录于：Erik Reinert (Hg.), *Globalization, Economic Development and Inequality. An Alternative Perspective*, Cheltenham u.a.，2004，第 217–242 页。

23 关于这一新的全球性劳动分工，参见 Allen Scott, *A World in Emergence. Cities and Regions in the 21th Century*, Cheltenham u.a.，2012。

24 Michael J. Piore, Charles F. Sabel, *The Second Industrial Divide. Possibilities for Prosperity*, New York 1984。

25 Maurizio Lazzarato, "Immaterial Labor"，收录于：Paolo Virno, Michael Hardt Hg., *Radical Thought in Italy: A Potential Politics*, Minneapolis 1996，第 133–148 页。

26 关于知识性劳动，参见 Nico Stehr, *Wissen und Wirtschaften. Die gesellschaftlichen Grundlagen der modernen Ökonomie*, Frankfurt/M. 2001；相关组织管理形式参见 Luc Boltanski, Ève Chiapello, *Der neue Geist des Kapitalismus*, Konstanz 2003。

27 参见 Gøsta Esping-Andersen (Hg.), Changing Classes. *Stratification and Mobility in Post-Industrial Societies*, London u.a. 1993；Friederike Bahl, *Lebensmodelle in der Dienstleistungsgesellschaft*, Hamburg 2014。

28 来源：Maarten Goos, Alan Manning, *Lousy and Lovely Jobs. The Rising Polarization of Work in Britain*, London 2003，第 43 页，http://eprints.lse.ac.uk/20002/1/Lousy_and_Lovely_Jobs_the_Rising_Polarization_of_Work_in_Britain.pdf（最后查阅日期：2019 年 1 月 21 日）。类似的结论亦见 Scott, World in Emergence, 书中他对美国的情况做了详细计算。Goos/Manning 的数据不仅针对第三产业，而是针对所有从业者。

29 见本书第二章。

30 参见 Manfred Moldaschl, Günter G.Voß (Hg.), *Subjektivierung von Arbeit*, München, Mering 2003。

31 参见 Stephan Voswinkel, *Welche Kundenorientierung? Anerkennung in der Dienstleistungsarbeit*, Berlin 2005。

32 关于新的劳动格局对社会文化和政治的影响，参见本书第二章和第五章。

33 自 2010 年以来，许多行业数字化程度加深，数字经济已经成为经济的一个领域。这一进程加剧了劳动者的极化趋势，因为一方面，这一进程为高学历者创造就业岗位，比如 IT 行业；另一方面，数字技术又使简单服务变得更方便（例如交通运输）。不过，放在中等长度时期来看，数字化会导致中等学历者所能从事的福特式工作减少，参见

Srnicek, *Plattform-Kapitalismus*。

34 关于此点参见 Paul James (Hg.), *Globalization and Economy, Bd. 1: Global Markets and Capitalism*, London u.a., 2007。

35 Bob Jessop, *The Future of the Capitalist State*, Cambridge 2002. 关于新自由主义亦见本书第五章。

36 参见 Paul Windolf (Hg.), *Finanzmarkt-Kapitalismus. Analysen zum Wandel von Produktionsregimen*, Wiesbaden 2005 中的多篇文章；Gerald F. Davis, *Managed by the Markets. How Finance Re-Shaped America*, Oxford 2009。

37 这是 Carlota Perez 的观点，见其著作 *Technological Revolutions and Financial Capital. The Dynamics of Bubbles and Global Ages*, Cheltenham 2002。

38 参见 Wolfgang Streeck, *Gekaufte Zeit. Die vertagte Krise des demokratischen Kapitalismus*, Berlin。

39 Bell, *The Coming of Post-Industrial Society; Drucker, Post-Capitalist Society.*

40 Moulier-Boutang, *Cognitive Capitalism; Boltanski, Esquerre, Bereicherung.*

41 2018 年，德国的公共服务产值占比为 18%，参见 https://www.deutschlandinzahlen.de/tab/deutschland/volkswirtschaft/entstehung/bruttowertschoepfung-nach-wirtschaftsbereichen（最后查阅日期：2019 年 7 月 8 日）。

42 2018 年，仅企业周边服务就占国内生产总值的 11%。

43 参见 World Travel & Tourism Council, Germany, https://www.wttc.org/-/media/files/reports/benchmark-reports/country-reports-2017/germany.pdf（最后查阅日期：2019 年 7 月 6 日）。

44 Jonathan Haskel, Stian Westlake, *Capitalism without Capital. The Rise of the Intangible Economy*, Princeton 2018.

45 相应地，经济统计数据长期以来也只关注了企业的物质性财产。现在这一情况已经改变。

46 图表引自 Haskel, Westlake, *Capitalism without Capital*, 第 46 页。

47 关于此点亦可参见 John Howkins, *The Creative Economy: How People Make Money from Ideas*, London u.a., 2001。

48 参见 Moulier-Boutang, *Cognitive Capitalism*。

49 Mason, *Postkapitalismus*，第 156 页。

50 参见 Daniel Cohen, *Three Lectures on Post-Industrial Society*, Cambridge (Mass). 2009。

51 关于此点，亦参见 Frank Trentman, *Empire of Things. How We Became a World of Consumers, from the Fifteenth Century to the Twenty-first*, London 2016。

52 对此观点的详细阐述，参见 Andreas Reckwitz, *Die Gesellschaft der Singularitäten. Zum Strukturwandel der Moderne*, Berlin 2017 第二章（中译本为《独异性社会：现代的结构

转型》)。关于文化资本主义特征的系统阐述，参见 Boltanski, Esquerre, *Bereicherung*；较早的论著有 Scott Lash, John Urry, *Economies of Signs and Space*, London u.a.1994。关于独异性产品在晚现代经济中的地位，参见 Lucien Karpik, *Mehr Wert. Die Ökonomie des Einzigartigen*, Frankfurt/M., New York 2011。

53 这种独异化有一个典型例子，就是 1900 年代的老房子再次增值。在工业化现代，人们只强调功能性，认为这些房子不舒服，不"现代"，因而不喜欢它们。到了晚现代，它们不断被纳入"文化"的评价体系。如今的人们觉得这些老房子闪耀着旧时的光芒，欣赏木地板、水泥雕饰和对开窗的真实性，以及它们所在的"城市"街区，这些街区往往与店铺和餐馆融合在一起。关于老房子的叙事框架变了，它们在功能上的不便无关紧要，在文化上变得宝贵了，人们看着或住着时，觉得它们"有个性"，很独特。相应地，住宅市场上对老房子的需求增加了，人们也要为之付出更高的价钱。

54 用波尔坦斯基和埃斯奎尔的专业词语来说，追求时尚的文化性产品是"潮流式"，追求名望的文化性产品是"收藏式"，见 Boltanski, Esquerre, *Bereicherung*, 第七章和第九章。

55 Jens Christensen, *Global Experience Industries. The Business of the Experience Economy*, Aarhus 2009。

56 因为文化性产品的"文化性"不能从外部特征看出来，一些用于区分各行业的统计数据被证明太过粗糙或不合适（认知产品总体上也都是如此），因为这些数据采用的数据类型产生于工业时代。此间评价指标已转向质性，它与行业统计数据是完全不一样的。

57 新的经济社会学理论也在研究这个问题，见 Jens Beckert, Patrik Aspers, *The Worth of Goods. Valuation and Pricing in the Economy*, Oxford 2011。

58 参见 Moulier-Boutang, *Cognitive Capitalism*, 第 31 页及后。关于功能性产品转变为文化性产品的更多例子，见 Scott Lash, Celia Lury, *Global Culture Industry. The Mediation of Things*, Cambridge, Malden 2007。

59 此处无法详细讨论经济中的"价值"是指什么，Mariana Mazzucato 在她最近的论著中提出了这个问题，见其著作 *The Value of Everything. Making and Taking in the Global Economy*, London 2018。笔者的出发点是，产品的经济价值总体上是社会文化赋值的结果，是市场上有决定权的机关在社会话语中确定的。"价格"是它最简单的表现。与 18 世纪政治经济学不同，笔者不认为人能"客观"地确定一件商品的价值。强调客观的（劳动）价值本身就是一种政治话语策略。

60 参见 Haskel, Westlake, *Capitalism without Capital*, 第 65 页及后。这个基本理念是 20 世纪 80 年代由 Paul Romer 提出的。与 Paul Mason 不同，我不认为认知产品的延展力会导致资本主义的崩溃。相反，认知产品，尤其是文化性产品显然使资本主义再次焕发了生机，福特主义工业时代的资本主义缺少延展力。见 Mason, *Postkapitalismus*。

61 参见 Pierre-Michel Menger, *The Economics of Creativity*, Cambridge (Mass.) 2014。

62 Robert Frank, Philipp Cook, *The Winner-Take-All-Society. Why the Few on the Top Get so Much More Than the Rest of Us*, New York 2010.

63 参见 Boltanski, Esquerre, *Bereicherung*，第七章。

64 参见 Georg Franck 早就已经出版的专著，*Ökonomie der Aufmerksamkeit. Ein Entwurf*, München 1998。

65 例如参见 Uwe Schimank, Ute Volkmann, *Das Regime der Konkurrenz. Gesellschaftliche Ökonomisierungsdynamiken heute*, Weinheim, Basel 2017。

66 关于这个问题参见 Dietmar J.Wetzel, *Soziologie des Wettbewerbs. Eine kultur- und wirtschaftssoziologische Analyse der Marktgesellschaft*, Wiesbaden 2013。

67 关于新中产见本书第二章。

68 关于此点参见 Richard Florida, *Who's Your City? How the Creative Economy Is Making Where to Live the Most Important Decision of Your Life*, New York 2008。

69 参见 Eva Illouz, *Warum Liebe weh tut. Eine soziologische Erklärung*, Berlin 2011。

70 例如 Saskia Sassen, "Vive l'économie réelle"，收录于：Le Monde, 线上文档，2009 年 2 月 21 日（更新于 2009 年 4 月 16 日），https://www.lemonde.fr/idees/article/2009/02/21/vive-l-economie-reelle-par-saskia-assen_1158611_3232.html?xtmc=saskia_sassen_vive_l_economie_reelle&xtcr=1（最后查阅日期：2019 年 1 月 21 日）。

71 对此有各种不同观点，参见 Christian Marazzi, *Der Stammplatz der Socken. Die linguistische Wende der Ökonomie und ihre Auswirkungen in der Politik*, Zürich 1998；Jens Beckert, *Imaginierte Zukunft. Fiktionale Erwartungen und die Dynamik des Kapitalismus*, Berlin 2018。

第四章　精疲力竭的自我实现：晚现代个体及其情感文化的悖论

1 参见 Alain Ehrenberg, *Das erschöpfte Selbst. Depression und Gesellschaft in der Gegenwart*, Frankfurt/M. 2004。

2 参见 Byung-Chul Han, *Müdigkeitsgesellschaft*, Berlin 2011：Sven Hillenkamp, *Negative Moderne. Strukturen der Freiheit und der Sturz ins Nichts*, Stuttgart 2016。

3 参见 Thomas Fuchs, Lukas Iwer (Hg.), *Das überforderte Subjekt. Zeitdiagnosen einer beschleunigten Gesellschaft*, Berlin 2018。

4 在社会学和文化科学领域，近年来涌现了诸多关于感情、感觉和情绪的研究，仅举例参见 Monica Greco, Paul Stenner (Hg.), *Emotions. A Social Science Reader*, London 2008；Jan Plamper, *Geschichte und Gefühl. Grundlagen der Emotionsgeschichte*, München 2012。晚现代的情感问题也已经有人采取不同的研究理路，参见 Deborah Lupton, *The Emotional Self. A Sociocultural Exploration*, London 1998。

5 关于一些消极情感的研究见 Sianne Ngai, *Ugly Feelings*, Cambridge, London 2007。关

于积极情感和消极情感关联的另一种解读，见 Lauren Berlant, *Cruel Optimism*, Durham, London 2007。Eva Illouz 也在晚现代婚恋关系方面关注了消极情感问题，参见其新著 Eva Illouz, *Warum Liebe endet. Eine Soziologie negativer Beziehungen*, Berlin 2018。

6　参见 Andreas Reckwitz, *Das hybride Subjekt. Eine Theorie der Subjektkulturen von der bürgerlichen Moderne zur Postmoderne*, Berlin 2020，新修订版（即将出版）。

7　关于此点亦可参见 Heinz Bude, *Deutsche Karrieren. Lebenskonstruktionen sozialer Aufsteiger aus der Flakhelfer-Generation*, Frankfurt/M 1987。

8　David Riesman, *The Lonely Crowd. A Study of the Changing American Character*, New Haven 2001 [1949/1961].

9　Peter N. Stearns, *American Cool. Constructing a Twentieth Century Emotional Style*, New York 1994.

10　David Brooks, *The Road to Character*, New York 2015.

11　参见 Charles Taylor, *Quellen des Selbst. Die Entstehung der neuzeitlichen Identität*, Frankfurt/M. 1996。

12　详见 Andreas Reckwitz, *Die Gesellschaft der Singularitäten. Zum Strukturwandel der Moderne*, Berlin 2017。

13　参见 Ronald Inglehart, *The Silent Revolution. Changing Values and Political Styles Among Western Publics*, Princeton 1977。关于新中产，见本书第二章。

14　详见本书第三章。

15　参见 Luc Boltanski, Ève Chiapello, *Der neue Geist des Kapitalismus*, Konstanz 2003, 第 152-176 页。

16　关于心理学的文化塑造力量，参见 Eva Illouz, *Die Errettung der modernen Seele. Therapien, Gefühle und die Kultur der Selbsthilfe*, Frankfurt/M 2009。

17　参见 Duane Schultz, *Growth Psychology. Models of the Healthy Personality*, New York 1977。

18　参见 Abraham Maslow, *Motivation and Personality*, New York, 1954。

19　参见 Phillip Vannini, J. Patrick Williams (Hg.), *Authenticity in Culture, Self, and Society*, Milton Park, New York 2009。

20　参见 Uwe Schimank u.a., *Statusarbeit unter Druck? Zur Lebensführung der Mittelschichten*, Weinheim, Basel 2014。

21　关于这一主体形式参见 Ulrich Bröckling, *Das unternehmerische Selbst. Soziologie einer Subjektivierungsform*, Frankfurt/M. 2007；Andreas Reckwitz, *Die Erfindung der Kreativität. Zum Prozess gesellschaftlicher Ästhetisierung*, Berlin 2012。

22　Zu diesem Aspekt auch Martin Altmeyer, *Auf der Suche nach Resonanz. Wie sich das Seelenleben in der digitalen Moderne verändert*, Göttingen 2016.

23 参见 Georg Franck, *Ökonomie der Aufmerksamkeit. Ein Entwurf*, München u.a., 1998。

24 Meg Wolitzer, *Die Interessanten*, Köln 2014, [原 名 *The Interestings*, 2013]; Virginie Despentes, *Das Leben des Vernon Subutex*, 第 1 至 3 部, Köln 2017-2018, [原 名 *Vernon Subutex 1-3*, 2015-2017]; Sonja Heiss, *Rimini*, Köln 2017。

25 参见 Peter Gay, *Bürger und Boheme. Kunstkriege des 19. Jahrhunderts*, München 1999。

26 详见本书第三章。

27 关于赢者通吃,亦可参见 Robert Frank, Philipp Cook, T*he Winner-Take-All-Society. Why the Fewon the Top Get so Much More Than the Rest of Us*, New York 2010;关于体育比赛的范式作用,参见 Alain Ehrenberg, *Le culte de la performance*, Paris 1991。

28 参见 Eva Illouz, *Warum Liebe weh tut. Eine soziologische Erklärung*, Berlin 2011。

29 关于这一点,可参考 INCELs(非自愿独身者)现象,由一群激进的厌恶女性、心怀不满的异性恋男性发动,其一个成员于 2018 年 4 月 23 日在多伦多实施了恐怖袭击。

30 Jean-JacquesRousseau, *Diskurs über den Ursprung und die Grundlagen der Ungleichheit unter den Menschen* [Orig. 1755], Paderborn 1984, S.177-189.

31 关于此点,亦可参见 Steffen Mau, *Das metrische Wir. Über die Quantifizierung des Sozialen*, Berlin 2017。

32 Pankaj Mishra 正确地指出,依赖数字化技术蔓延全球的攀比之风,是那些在攀比过程中自认为"吃亏"的人变得富于攻击性的原因。见其著 *Das Zeitalter des Zorns. Eine Geschichte der Gegenwart*, Frankfurt/M. 2017。

33 我愿将 Hartmut Rosa 的"共鸣"理论理解为新浪漫主义文化的一种表达,该理论认为,体验,准确地说是主体被他者引起的情感触动(即所谓"共鸣"),是衡量美好生活的核心指标。参见 Hartmut Rosa, *Resonanz. Eine Soziologie der Weltbeziehung*, Berlin 2016。

34 参见 Thomas Bauer, *Die Vereindeutigung der Welt. Über den Verlust an Mehrdeutigkeit und Vielfalt*, Stuttgart 2018。

35 关于"升格"模式,参见 Gerhard Schulze, *Die beste allerWelten.Wohin bewegt sich die Gesellschaft im 21. Jahrhundert?*, Frankfurt/M. 2001。

36 比如这种指南类读物:Patricia Schultz, *1000 Places to See Before You Die. Die neue Lebensliste für den Weltreisenden*, Köln 2012。

37 Hartmut Rosa 在最新著作中,正确地强调了这个概念对于理解现代文化的重要作用,参见 *Unverfügbarkeit*, Salzburg 2018。

38 关于此点,参见 Rainer Funk 的心理治疗实践, *Der entgrenzte Mensch. Warum ein Leben ohne Grenzen nicht frei, sondern abhängig macht*, Gütersloh 2011。

39 参见 Michel Serres, *Was genau war früher besser? Ein optimistischer Wutanfall*, Berlin 2019。

40 参见 Ehrenberg, *Das erschöpfte Selbst*, 另见历史视角的论著 Uffa Jensen, *Zornpolitik*, Berlin 2017。

41 关于社会保障和减轻压力之间的关联，参见 Richard Wilkinson, Kate Pickett, *The Inner Level. How More Equal Societies Reduce Stress, Restore Sanity and Improve Everyone's Well-being*, New York 2019。

42 参见 Remo H. Largo, *Das passende Leben.Was unsere Individualität ausmacht und wie wir sie leben können*, Frankfurt/M. 2017。

43 关于这一方向，参见 Adam Philipps, *Missing Out. In Praise of the Unlived Life*, New York 2012。

44 例如 Matthias Ennenbach, *Buddhistische Psychotherapie. Ein Leitfaden für heilsame Veränderungen*, Oberstdorf, Aitrang 2010；总体论述参见 Charles S. Prebish, Martin Baumann (Hg.),Westward Dharma. *Buddhism Beyond Asia*, Berkeley 2002。

45 参见 Svend Brinkmann, *Pfeif drauf! Schluss mit dem Selbstoptimierungswahn*, München 2018。

第五章　自由主义的危机与寻找政治新范式之路：从开放的自由主义到内嵌的自由主义

1 Thomas S. Kuhn, *Die Struktur wissenschaftlicher Revolutionen* [1967，原版 1962], Frankfurt/M. 1989。

2 关于基督教民主的特殊含义，参见 Jan-Werner Müller, *Das demokratische Zeitalter. Eine politische Ideengeschichte Europas im 20. Jahrhundert*, Berlin 2013。

3 参见 Peter Wagner, *A Sociology of Modernity. Liberty and Discipline*, London u.a.1994; Pierre Rosanvallon, *Die Gesellschaft der Gleichen*, Hamburg 2013; Bob Jessop, *The Future of the Capitalist State*, Cambridge 等，2002。

4 总的来说，这一时期的"体制之争"不可小觑：西方以社会再分配为基础的福利型国家与东欧的计划式社会主义之间，还是有着不小的亲近关系的，因为二者都是为了应对市民时代过去之后的危机，而致力于对社会经济、文化和政治进行全面调控。西方国家努力想要证明，自由主义、资本主义和社会调控之间能够实现脆弱的平衡。

5 详见本书第三章。

6 按照本书提出的模式，可以发现 20 世纪 70 年代早期，社会民主党派政府在政治上扮演过一个特殊的角色。西德社会民主党和自由民主党联合执政的勃兰特政府尤其是这种情况。这一联合政府在经济方面还完全是社会－法团主义范式（1973 年因石油危机，这一范式被短暂削弱），但另一方面，1968 年的反抗运动也对这届政府造成了影响，于是它开始实行左翼自由主义的政策，即后来的新自由主义政策（"尝试更加民主""mehr

Demokratie wagen"、法制改革，等等）。回想起来，社会自由派政府从这种历史上少见的组合中获得了很高的认可度。

7　Nancy Fraser 为这一状况引入了"进步的新自由主义"的概念，参见 Nancy Fraser, "Vom Regen des progressiven Neoliberalismus in die Traufe des reaktionären Populismus"，收录于：Heinrich Geiselberger (Hg.), *Die große Regression. Eine internationale Debatte über die geistige Situation der Zeit*, Berlin 2017，第 77–92 页。这个概念暗示左翼自由主义只是新自由主义的一个附属。我没有使用这个概念。

8　关于新中产，详见本书第二章。

9　Jessop, *The Future of the Capitalist State*; 亦参见文集：Thomas Biebricher (Hg.), *Der Staat des Neoliberalismus*, Baden-Baden 2016。

10　关于多样性，参见 Vertovec, "'Diversity' and the Social Imaginary"，收录于：*European Journal of Sociology* 53:3, 2012，第 287–312 页；关于美国民主党，参见 Listen, *Liberal. or, What Ever Happened to the Party of the People? New York* 2017。

11　对此点的批判性著作见 Christoph Menke, *Kritik der Rechte*, Berlin 2015；支持性观点参见 Judith N. Shklar, *Der Liberalismus der Rechte*, Berlin 2017。

12　Colin Crouch 批判地称之为"后民主"，见其著 *Postdemokratie*, Frankfurt/M. 20008。

13　关于新自由主义的代表性批判观点，参见 Wendy Brown, *Die schleichende Revolution. Wie der Neoliberalismus die Demokratie zerstört*, Berlin 2015；Heiner Flassbeck, Paul Steinhardt, *Gescheiterte Globalisierung. Ungleichheit, Geld und die Renaissance des Staates*, Berlin 2018；Christoph Butterwege 等，*Kritik des Neoliberalismus*, Wiesbaden 2007。

14　详见本书第二章。

15　左翼自由主义阵营对多元文化主义的反思，参见 Kenan Malik, *Das Unbehagen in den Kulturen. Eine Kritik des Multikulturalismus und seiner Gegner*, Berlin 2017。

16　关于这些论争参看系列论文，收录于 Axel Honneth (Hg.), *Kommunitarismus. EineDebatte über die moralischen Grundlagen moderner Gesellschaften*, Frankfurt/M., New York 1994。

17　对于这一关联，参见 Yascha Mounk, *Zerfall der Demokratie. Wie der Populismus den Rechtsstaat bedroht*, München 2018。

18　在美国，20 世纪 30 年代出生的人中有 71% 认为生活在民主体制中对他们至关重要。80 年代出生的人现在正值青壮年，其中只有 29% 认为民主对他们至关重要，24% 想要一个军政府。参见上述文献，第 127、131 页。

19　第 19 届德国联邦议会的 709 名议员中，558 人有大学学历，占 78%；全国拥有大学学历的人占人口的 16%。

20　参见 Jan-Werner Müller, *Was ist Populismus? Ein Essay*, Berlin 2016。

21 关于这个问题近年有详细的分析，参见 Philipp Manow, *Die Politsche Ökonomie des Populismus*, Berlin 2018；Wilhelm Heitmeyer, *Autoritäre Versuchungen*, Berlin 2018；最新的专著，参见 Cornelia Koppetsch, *Die Gesellschaft des Zorns. Rechtspopulismus im globalen Zeitalter*, Bielefeld 2019。

22 Wolfgang Merkel, "Kosmopolitismus versusKommunitarismus: Ein neuer Konflikt in der Demokratie"，收录于：Philipp Harfst u.a. (Hg.), *Parties, Governments and Elites. The Comparative Study of Democracy*, Wiesbaden 2017，第 9–23 页。

23 观察玛丽·勒庞在 2017 年法国总统初选的情况以及德国另类选择党（AfD）2017 年在大选中的表现，再借助相关统计数字就可以清楚地看到这一点。

24 参见 Bernd Stegemann, *Das Gespenst des Populismus. Ein Essay zur politischen Dramaturgie*, Berlin 2017。

25 参见 Andreas Reckwitz, *Die Gesellschaft der Singularitäten. Zum Strukturwandel der Moderne*, Berlin 2017（中译本《独异性社会：现代的结构转型》，2019）。我在此书中详细讨论了自由主义的双重架构，以及与其对抗的文化本质主义。

26 "嵌入"（embeddedness）的概念来自经济领域，由 Karl Polanyi 提出，见其著 *The Great Transformation. Politische und ökonomische Ursprünge von Gesellschaften und Wirtschaftssystemen* [Orig. 1944]Frankfurt/M.1978。

27 Colin Crouch, *Ist der Neoliberalismus noch zu retten?*, Berlin 2018。

28 关于此处所说的"变化的自由主义"，参见 Lisa Herzog, *Freiheit gehört nicht nur den Reichen. Plädoyer für einen zeitgemäßen Liberalismus*, München 2013。

29 参见 Edmund Fawcett, *Liberalism. The Life of an Idea*, Princeton 2014。

30 参见 Michel Foucault, *Geschichte der Gouvernementalität I: Sicherheit, Territorium, Bevölkerung*, Frankfurt/M. 2004；另见其著 *Geschichte der Gouvernementalität II: Die Geburt der Biopolitik*, Frankfurt/M. 2004。福柯关于自由主义治理的理念完全可以与系统论中的控制理论结合起来，后者认为二阶控制总是先于（复杂程度较低的）一阶控制。

31 参见 Foucault, *Geschichte der Gouvernementalität I*，第 77、79 页。

32 参见本书第二章和第三章。

33 Michael Young, *The Rise of the Meritocracy* [1954], London, New York 1994；赞同此观点的著作参见 Frank, Listen, Liberal.

34 Robert W. Fuller, *All Rise. Somebodies, Nobodies, and the Politics of Dignity*, San Francisco 2006。

35 关于此点参见以法国为例的著作 Christophe Guilluy, *La France périphérique. Comment on a sacrifié les classes populaires*, Paris 2014。

36 Foundational Economy Collective, *Foundational Economy. The Infrastructure of Everyday Life*, Manchester 2018。（德文版：*Die Ökonomie des Alltagslebens. Für eine*

neue Infrastrukturpolitik, Berlin 2019。)

37 参见本书第二章。

38 Niklas Luhmann, *Beobachtungen der Moderne*, Opladen 1992.

39 关于这一问题，参见 Isolde Charim, *Ich und die Anderen. Wie die Pluralisierung uns alle verändert*, Wien 2018。亦见本书第二章。

40 参见 Paul Collier, *The Future of Capitalism. Facing the New Anxieties*, New York 2018。然而，Collier 倾向于怀念 20 世纪五六十年代的社会民主，但这并不能解决问题。他的论述缺少自由主义取向，缺乏对多样化和全球化导向的认可。保守主义运动也在考虑"共同行动"（Zusammenhandeln）的问题，参见 Frank Adloff, Claus Leggewie（出版人），*Das konvivalistische Manifest. Für eine neue Kunst des Zusammenlebens*, Bielefeld 2014。

41 我在这本书里，有一个难题没有探讨：一种新范式，既要面对社会和文化危机，又要面对民主实践危机，它怎样才能不陷入开放式自由主义的"专家专制"（Expertokratie）。从意识形态史的角度，可以回顾一下与自由主义立场相对的共和主义，它认为个体首先并不是私人，而是政治体制中与所有人有共同关切的公民。汉娜·阿伦特在其著名作品中，试图让这一传统重新焕发生机。我们可以将埃马纽埃尔·马克龙的"前进运动"及其地方委员会在 2017 年大选中的表现，或者 2019 年"未来星期五"运动的动员力量看作一种指标，证明这种超越其他利益的政治动员是可能的。不过，这两场运动的人群基础都是有限的（新中产！），总体上还是存在一个问题：如何长期保持政治动员力量。

图书在版编目（CIP）数据

幻想的终结：晚现代的政治、经济和文化 /（德）
安德雷亚斯·莱克维茨（Andreas Reckwitz）著；巩婕
译. -- 北京：社会科学文献出版社，2024.1
　　ISBN 978-7-5228-2723-0

　　Ⅰ. ①幻…　Ⅱ. ①安…　②巩…　Ⅲ. ①社会史 - 世界
- 现代　Ⅳ. ①K02

中国国家版本馆CIP数据核字（2023）第210047号

幻想的终结
——晚现代的政治、经济和文化

著　　者 / 〔德〕安德雷亚斯·莱克维茨（Andreas Reckwitz）
译　　者 / 巩　婕

出 版 人 / 冀祥德
组稿编辑 / 段其刚
责任编辑 / 阿迪拉木·艾合麦提　陈嘉瑜
责任印制 / 王京美

出　　版 / 社会科学文献出版社·联合出版中心（010）59367151
　　　　　　地址：北京市北三环中路甲29号院华龙大厦　邮编：100029
　　　　　　网址：www.ssap.com.cn
发　　行 / 社会科学文献出版社（010）59367028
印　　装 / 北京盛通印刷股份有限公司

规　　格 / 开　本：889mm×1194mm 1/32
　　　　　　印　张：6.5　字　数：162千字
版　　次 / 2024年1月第1版　2024年1月第1次印刷
书　　号 / ISBN 978-7-5228-2723-0
著作权合同
登 记 号 / 图字01-2023-1645号
定　　价 / 69.00元

读者服务电话：4008918866